Carl von Clausewitz, Hermann von Boyen

Über das Leben und den Charakter von Scharnhorst

Verlag
der
Wissenschaften

Carl von Clausewitz, Hermann von Boyen

Über das Leben und den Charakter von Scharnhorst

ISBN/EAN: 9783957008114

Auflage: 1

Erscheinungsjahr: 2016

Erscheinungsort: Norderstedt, Deutschland

Hergestellt in Europa, USA, Kanada, Australien, Japan
Verlag der Wissenschaften in Hansebooks GmbH, Norderstedt

Cover: Horace Vernet "Napoleons Schlacht bei Friedland"

Ueber

das Leben und den Charakter

von

Scharnhorst.

Aus dem Nachlasse des General Clausewitz.

(Besonders abgedruckt aus: Historisch-politische Zeitschrift; herausgegeben von Leopold Ranke.)

Berlin, 1832.

Ueber das Leben und den Charakter von Scharnhorst.

Aus dem Nachlasse des General Clausewitz.

I.

Notiz über die Lebensumstände von Scharnhorst.

Am 28. Juni 1813 starb zu Prag der preußische General-Lieutenant Gerhard David von Scharnhorst an einer in der Schlacht von Groß-Görschen den 2. Mai erhaltenen Wunde.

Seine gediegene wirksame Thätigkeit, nahe dem Throne und im Mittelpuncte eines Staates, der durch die Verbindung der Umstände selbst fast zum Mittelpuncte des europäischen Staaten-Systems geworden war, geben ihm eine ausgezeichnete Stelle in den Annalen des großen politischen Umschwungs jener Zeit.

Er war am 10. November 1756 im Hannöverischen, in Hämelsee, auf einem kleinen Pachtgute geboren, hatte seine erste Bildung auf der vom Grafen Wilhelm von Bückeburg errichteten Militairschule auf Wilhelmsstein genossen und war früh von diesem großen Manne ausgezeichnet worden. In hannöverischen Diensten und zwar zuerst in der Cavallerie, bald aber in der Artillerie, fing er seine kriegerische Laufbahn an, und machte die Feldzüge von 1793, 94 und 95 bei der alliirten Armee in Flandern und Holland mit.

1

Von innerer Thätigkeit gedrungen, und von seltenem Fleiß unterstützt, schrieb er während des Feldzugs von 1793 das Taschenbuch für Offiziere, welches in Deutschland noch jetzt für ein klassisches Werk in diesem Fache gilt. So wie er aber in seltener Vereinigung theoretische Kenntnisse und wissenschaftliches Streben mit praktischem Geschick verband, so zeichnete er sich auch schon im folgenden Feldzuge durch seine kriegerische Tüchtigkeit als Offizier aus. Er war Artillerie-Hauptmann und befand sich beim hannöverischen General von Hammerstein als erster Generalstabs-Offizier, als dieser Menin im Jahre 1794 vertheidigte und sich mit der Garnison durchschlug. Wenn ein in der Geschichte so seltener kriegerischer Act Allen, die daran Theil genommen zum Ruhme gereicht, so gehört das Hauptverdienst davon, nächst dem in Deutschland und England mit Hochachtung genannten Führer, dem ehrwürdigen Hammerstein, seinem Gehülfen Scharnhorst. Folgender eigenhändiger Bericht des General Hammerstein an seinen Herrn, den König von England, wird die beste Darstellung und der sicherste Beweis hievon seyn:

„Vor allen andern halte ich mich verpflichtet, nur noch „des Hauptmanns Scharnhorst allein Erwähnung zu thun. „Dieser hat bei seinem ganzen Aufenthalt in Menin, nachher „beim Bombardement und letztlich beim Durchschlagen, Fähig-„keiten und Talente, verbunden mit einer ganz unvergleichlichen „Bravour, einem nie ermüdenden Eifer und einer bewundrungs-„würdigen Contenance gezeigt, so daß ich ihm allein den glück-„lichen Ausgang meines Plans, mich durchzuschlagen, verdanke. „Er ist bei allen Ausführungen der erste und der letzte gewe-„sen. Ich kann unmöglich erschöpfend beschreiben, von wel-„chem großen Nutzen dieser so sehr verdienstvolle und einem „jeden zum Muster aufzustellende Offizier mir gewesen ist."

„Schließlich ersuche ich Ew. Excellenz ganz gehorsamst „bei abzustattendem Bericht an Se. Majestät, sämmtlicher ge-„nannten Offiziere Erwähnung zu thun. Wäre es möglich

„möchte ich für alle Belohnungen erbitten, die sie wahrhaftig
„verdient haben. Für den Hauptmann Scharnhorst aber er-
„flehe ich auf das Dringendste eine Gnade von Sr. Majestät,
„da dieser Mann, wenn jemals Jemanden eine Belohnung für
„etwas Außerordentliches geworden ist, sie jetzt im größten
„Maaße verdient."
Ecklo den 3. Mai 1794.

R. von Hammerstein.

Nach dem Kriege bis zum Oberstlicutenant im hannöverischen
Dienst gestiegen und mit vielen litterarisch-militairischen Arbeiten
beschäftiget, deren wir unten kurz gedenken wollen, vertauschte
Scharnhorst im Jahr 1801 auf Anrathen des bei Auerstädt ge-
bliebenen Herzogs Karl von Braunschweig, den hannöverischen Dienst
mit dem Preußischen, und wurde auf die besonders dringende
Empfehlung des Herzogs in die preußische Artillerie als Oberstlicutenant versetzt. Er brachte den Ruf eines gelehrten Militairs
besonders in den Artillerie-Wissenschaften mit, fand aber in diesem Corps, wie das gewöhnlich ist, viel Neid und Widerstand;
dies verhinderte ihn, der preußischen Artillerie damals so nützlich
zu werden, als es der Umfang seiner Kenntnisse und seine Thätigkeit gestattet hätten, und war der Grund, warum er eine Au-
stellung im Generalstab vorzog, welche er im Jahr 1804 als
General-Quartiermeister-Lieutenant erhielt.
Seine Thätigkeit in dem Zeitraum von 1802 bis 1806 war
hauptsächlich auf den Unterricht der Infanterie- und Cavallerie-
Offiziere gerichtet. Er erweiterte den Unterricht, welcher in Berlin schon seit Friedrich dem Großen diesen Offizieren über die
Kriegskunst ertheilt worden war und dem bisher ein einziger Lehrer
vorgestanden hatte, zu einer wahren Akademie, übernahm die
Stelle des Directors, und lehrte selbst denjenigen Theil der Kriegskunst, der bis dahin auf Kathedern und in Büchern noch wenig
zur Sprache gekommen war, den eigentlichen Krieg. Hier haupt-

sächlich verbreitete sich durch ihn zuerst in der preußischen Armee die Kenntniß der neueren Kriegsart, welche durch den Revolutions-krieg herbeigeführt, mit Bonaparte ihren Gipfel erreicht hatte, und die der preußischen Armee ziemlich fremd sein mußte, weil die Feldzüge von 1792, 93 und 94 in eine Zeit fielen, wo die Neuerungen noch nicht die gehörige Reife, und deshalb auf das Kriegswesen der Preußen keinen Einfluß gewonnen hatten.

Die Bildungs-Anstalt, welche auf diese Weise durch ihn ge-schaffen wurde, besteht noch jetzt in der preußischen Armee, und hat den größten Theil der Generalstabs-Offiziere gebildet.

Seine bald erkannten und ausgezeichneten Verdienste bewo-gen den König im Jahr 1806, ihn zum Obersten zu ernennen.

Im Jahr 1806 gehörte der Oberst Scharnhorst zu denen, welche den Krieg gegen Frankreich für nothwendig hielten, und als Chef des Generalstabes des Herzogs von Braunschweig, hatte er Antheil an dem Plan, mitten durch den Thüringer Wald über die französischen Quartiere in Franken herzufallen.

In der Schlacht von Auerstädt selbst wurde der Oberst Scharnhorst in der linken Seite leicht verwundet, welches ihn aber nicht abhielt, bei der Armee zu bleiben.

Von dieser bildeten sich auf dem Rückzuge drei Corps; das eine unter den Befehlen des Feldmarschalls Kalkreuth, 20,000 Mann stark, hatte in der Schlacht von Auerstädt gar nicht ge-fochten, und vereinigte sich in der Gegend von Magdeburg mit dem zweiten, welches der Fürst Hohenlohe aus den Trümmern sei-nes bei Jena geschlagenen Heeres gesammelt hatte, das dritte unter dem General-Lieutenant von Blücher bildete die Arrière-Garde. Der Oberst von Scharnhorst hatte bei Auerstädt seinen commandirenden General, und durch die veränderte Eintheilung der Armee seine Stelle verloren, denn beim Fürsten Hohenlohe be-fand sich der Oberst von Massenbach (der bekannte Verfasser der Memoiren) als General-Quartiermeister. Er schloß sich daher an den General-Lieutenant von Blücher an, welcher schon damals in der preußischen Armee den Ruf eines kräftigen und tüchtigen Soldaten hatte. Als erster Generalstabs-Offizier leitete er hier die Bewegungen dieser Arrière-Garde, die zwei Märsche hinter der Armee zurückblieb, weil Blücher sich nicht entschließen konnte, in übertriebenen Märschen, durch welche die Truppen ganz aufgelöst und zum Gefecht unfähig geworden wären, sein Heil zu suchen.

Zu dieser Arrière-Garde stieß in der Folge das Corps des Herzogs von Weimar, welches als Avant-Garde schon in Franken auf dem geraden Wege über den Thüringer Wald eingebrochen war, während die Franzosen über Hof vordrangen, und daher an der Schlacht keinen Theil genommen hatte.

Die Ereignisse dieses Rückzuges und der schleunige Fall der preußischen Festungen sind es hauptsächlich, was den Ruhm der preußischen Waffen damals zu Grunde gerichtet hat. Sie waren die Folge der moralischen Ueberlegenheit, welche das französische Heer damals in Europa überhaupt sich erworben; und des langen Friedens, der Preußen und Sachsen von einem ernstlichen Kampf auf Leben und Tod ganz entwöhnt hatte.

Blüchers Rückzug bis Lübeck und die vielen Gefechte, welche er auf demselben lieferte, sind unstreitig noch das Rühmlichste in dieser Periode, und haben dazu gedient, seinen Ruf in einer Zeit fleckenlos zu erhalten, wo in der allgemeinen Auflösung so viele militairische Reputationen zu Grunde gegangen sind.

Was der Oberst von Scharnhorst dem General Blücher in dieser Zeit war und wie er sich als Soldat in dieser schwierigen Zeit gezeigt, darüber mag abermals der wörtliche Bericht seines Chefs an den König von Preußen sprechen:

„Vorzüglich fühle ich mich verpflichtet, Ew. Majestät be„sonderer Gnade den vortrefflichen, in jeder Hinsicht verdienst„vollen Obersten von Scharnhorst zu empfehlen, dessen rast„loser Thätigkeit, dessen fester Entschlossenheit und einsichtsvol„lem Rath ein großer Theil des glücklichen Fortgangs meiner

„mühsamen Retraite zugeschrieben werden muß, indem ich es
„gern bekenne, daß ohne die thätigste Beihülfe dieses Mannes
„es mir vielleicht kaum zur Hälfte möglich gewesen wäre, das
„zu leisten, was das Corps wirklich geleistet hat."

gezeichnet Blücher.

Der Oberst Scharnhost war in Lübeck mit dem andern
Gefolge des General Blücher gefangen genommen worden, in
Folge der Capitulation selbst aber wurde vermittelst Auswechse-
lung vom General Blücher seine Freiheit sogleich wieder bewirkt.
Er begab sich hierauf zur See nach Preußen, wo ihn der König
zum General-Quartiermeister der preußischen Armee, unter dem
Befehl des General-Lieutenant von L'Estocq ernannte.

Hier erhob sich der preußische Waffenruhm wieder etwas,
so weit dies die Schwäche der Armee und die kurze Dauer des
Krieges erlaubten. Was den Obersten von Scharnhorst betrifft,
so gehörte er unter den in unglücklichen Kriegen so leicht entste-
henden Parteien des Hauptquartiers zu derjenigen, die stets für
eine, eble, rücksichtslose Aufopferung und ehrliche Aufbietung der
letzten Kräfte gestimmt war, wie sie in der Schlacht von Eilau
von dem kleinen preußischen Heere gezeigt wurde.

Da der Oberst Scharnhorst auch in dieser Anstellung das
Vertrauen des Königs gerechtfertigt hatte, so ernannte ihn derselbe nach dem Tilsiter Frieden zum General, und weil die Armee
ganz umgeschaffen werden mußte, zum Chef der Reorganisations-
Commission.

In diesem Zeitpunct fängt die Wirksamkeit an, die der General Scharnhorst in Beziehung auf die großen Ereignisse der
Jahre 1813 und 14 in Preußen gehabt hat, da sein ganzes Streben dahin ging, dem preußischen Kriegsstaat innere Tüchtigkeit zu
geben, und ihm, da die Armee durch den Tilsiter Frieden auf
40,000 Mann beschränkt war, solche Keime schnellen Wachsthums
einzuimpfen, daß er, wenn der Druck von Außen je nachlassen
sollte, schnell emporschießen könnte.

Die Hauptzwecke, welche er sich bei der Reorganisation der Armee vorsetzte, waren:

1. Eine der neuen Kriegsart entsprechende Eintheilung, Bewaffnung und Ausrüstung.

2. Veredlung der Bestandtheile und Erhebung des Geistes. Daher die Abschaffung des Systems der Anwerbung von Ausländern, eine Annäherung an die allgemeine Verpflichtung zum Kriegsdienst, Abschaffung der körperlichen Strafen, Einrichtung guter militairischer Bildungs-Anstalten.

3. Eine sorgfältige Auswahl derjenigen Offiziere, welche an die Spitze der größeren Abtheilungen gestellt wurden. Das Dienstalter, welches bis dahin in der preußischen Armee eine allzugroße Herrschaft ausgeübt und derselben ihre Führer gegeben hatte, wurde in seinen Rechten beschränkt und daneben der für den Augenblick sehr heilsame Grundsatz aufgestellt, daß diejenigen vorgezogen werden müßten, die bis zuletzt im Kriege gedient oder sich auf irgend eine Art in demselben ausgezeichnet hätten. Wirklich sind unter Scharnhorsts Administration die meisten der Männer zuerst hervorgezogen worden, die später zu den ausgezeichnetsten Führern gehörten.

4. Neue der heutigen Kriegsart angemessene Uebungen.

Da in Preußen der Monarch den Armeeangelegenheiten selbst stets die größte Aufmerksamkeit widmet, und der König in die Vorschläge des General Scharnhorst einging, so wurde ihm freilich die Ausführung seiner Ideen sehr erleichtert; indessen gab es auch hier wie überall bei großen Veränderungen, einen Kampf der Meinungen, bei welchem der General Scharnhorst Gelegenheit hatte, die Mäßigung und Billigkeit des Urtheils und die Festigkeit der Seele zu zeigen, die ihn zu einem großen Charakter erheben.

Wie sich unter seinen Rathschlägen die preußische Armee vortheilhaft gestaltete, wie sie befreit von den vielen Mißbräuchen eines langen Friedens mit verjüngtem frischen Geist hervortrat, mitten im Frieden neues Selbstgefühl gewann, werden Alle bezeugen, welche dieselbe mit vorurtheillosem Blick beobachtet haben; außer ihnen aber bezeugt es der ewig denkwürdige Tag bei Groß-Görschen, wo in der Dürre einer segenlosen Schlacht der Ruhm preußischer Tapferkeit junges frisches Laub hervortrieb.

Die Franzosen wachten nicht nur genau auf die Erfüllung des Tilsiter Friedens, sondern machten auch tausend Schwierigkeiten, ehe sie die besetzten Provinzen räumten, und hielten überhaupt Preußen unter beständigen Drohungen in der strengsten Vormundschaft; dieser unglückliche Zustand und die traurigen Erfahrungen, die man im Kriege gemacht, hatten eine große Partei in diesem Lande erzeugt, die kleinmüthig und hoffnungslos jeden Schein des Widerstandes, jede den Franzosen mißfällige Maaßregel für wahren Verrath an dem Lande hielt; endlich beschränkte noch weit mehr die Erschöpfung der Staatskräfte alle Mittel.

Der König hatte den General Scharnhorst, ohne ihm den Namen eines Kriegsministers zu geben, an die Spitze des Kriegs-Departements gestellt. Stein war damals erster Minister; die genaue Verbindung, in welche diese beiden ausgezeichneten Männer mit einander traten, erleichterte die Grundlegung zu Preußens innerer Vergrößerung und Ermannung. Durch Herrn von Steins neue Organisation der Civil-Administration kam Sparsamkeit und Ordnung in die Finanzen, und die politische Verfassung der bürgerlichen Gesellschaft that einen mächtigen Schritt vorwärts, wodurch dem Bürger neues Vertrauen und neues Leben eingeflößt wurde. Das folgende Ministerium bestand aus Männern, die, so viel es ihnen ihre freilich veränderte Stellung erlaubte, in dem Sinne des Herrn von Stein fortarbeiteten, und den General Scharnhorst nach Möglichkeit unterstützten; dieser aber strebte nur nach seinem Ziele, mit einem Geiste weiser Sparsamkeit und politischer Klugheit, die Bewunderung verdienen.

Von allem Schlendrian alter Administrationsgrundsätze los-

laffend, allen Widerspruch der fogenannten Männer vom Hand=
werk zurückweifend, immer nur auf das Wefen der Sache fe=
hend, fchuf er in wenigen Jahren, ohne auffallende Mittel und
außerordentliche Unterftützung die Ausrüftung und Bewaffnung
eines dreimal fo großen Heeres als die preußifche Armee felbft
war. Er ftellte die Feftungen her und führte bei der Armee
ein Syftem ein, wonach alle drei Monate eine Anzahl Rekruten
eingezogen und ausgebildet und wieder entlaffen wurden; was
dem Lande eine Menge nothdürftig gebildeter Krieger verfchaffte,
die beim erften Aufruf fich zur Fahne ftellen konnten. Was
aber das Wichtigfte war, er bereitete die Idee einer allgemeinen
Landwehr nach dem Beifpiele Oeftreichs vor. Obgleich diefe Idee
damals nicht in wirkliche Ausführung übergehen konnte, fo war
es doch von einer entfcheidenden Wichtigkeit, daß fie nach und
nach in den Köpfen reifte, und fich allgemein verbreitete; daß der
Glaube an die Möglichkeit diefer heilbringenden Inftitution ge=
gründet wurde.

Der Zuftand der politifchen Meinung in Preußen war da=
mals, wie er unter folchen Umftänden überall feyn wird. Es hat=
ten fich, fo weit dies bei dem Charakter des ruhigen Norddeut=
fchen vorkommen kann, zwei Parteien gebildet, davon die eine
an keine Möglichkeit glaubte, Frankreich von feiner Höhe geftürzt
zu fehn, und deswegen ein enges Anfchließen an daffelbe für den
einzigen Rettungsweg anfah; die andere auf neue Kriege, auf
unvorhergefehene Ereigniffe, auf Volkswiderftand rechnend, nichts
fo fehr fürchtete, als daß durch ein folches Anfchließen Preußen
fich felbft für den günftigen Moment die Hände binden oder gar
anftatt ihn herbei zu führen, ihn entfernen würde.

Nachdem Herr von Stein in Folge des bekannten Briefs
im Jahr 1809 entfernt worden war, hielt fich das Minifte=
rium in einer discreten Ruhe und wenn einzelne Männer in
demfelben es weder für unmöglich noch für fündlich hielten, einft
aus dem Kerker auszubrechen, fo fahen fie fich in ihrer Lage nicht

veranlaßt, sich darüber stark auszusprechen. General Scharnhorst aber, der seine ganze Thätigkeit den Vorbereitungen dazu gewidmet hatte, mußte den Geist des Widerstandes, das empörte Gefühl über die Unterdrückung, die sich hin und wieder regten, gerade als die edelsten und wirksamsten aller Mittel betrachten, die er in der Hand des Monarchen zu vereinigen bemüht war. Er mußte also diesen Geist und diese Partei vor dem Thron vertreten, so weit es das anbrängende Mißtrauen der Anderen über dieselbe, nöthig machte. — Obgleich er durch sein taktvolles ruhiges, tief verschlossenes Wesen, die Aufmerksamkeit und den Verdacht der Franzosen lange von sich entfernt hielt, so war doch seine Stellung und sein politischer Glaube in Preußen zu bekannt, als daß nicht die antifranzösische Partei sich an ihn hätte wenden sollen. Daher wurde er ihr Fürsprecher beim König, und ein heilsames Band zwischen ihnen und dem Thron.

In dieser allgemeinen Darstellung ist die ganze Geschichte des sogenannten Tugendbundes, so weit derselbe damals in Preußen wirklich bestand, enthalten.

Scheinbar die erste Veranlassung zu einem wirklichen Bund entstand in Königsberg selbst, wo sich der Hof noch befand, im Jahr 1808 unter den Augen des Königs und nichts weniger als geheim. Eine Gesellschaft von Gelehrten, Offizieren und andern Personen trat zu einem sogenannten sittlich wissenschaftlichen Verein zusammen, und legte ihre Gesetze und die Namen der Mitglieder dem Könige vor. Die Tendenz dieses Vereins schien weder politisch noch überhaupt sehr eminent; einzelne Mitglieder mochten wohl die Hoffnung hegen, nach und nach Keime politischer Gesinnung hineinzupflanzen, die gute Früchte tragen sollten, indessen scheinen diese von selbst erstorben zu seyn, und es entstand weder etwas besonders Gutes noch Böses aus dieser Gesellschaft. In den übrigen noch von den Franzosen besetzten Provinzen Preußens und Deutschlands aber entstand hauptsächlich unter der Classe ehemaliger Offiziere und Beamten und den jungen Studierenden eine Art von Affiliation, zur Verbindung gegen die Franzosen und zur Vorbereitung eines Volksaufstandes gegen sie. Ein wirklicher Bund, das heißt eine durch Obere und Gesetze organisirte Gesellschaft, ist aber nie daraus hervorgegangen, wenigstens so viel damals in Preußen bekannt geworden ist. General Scharnhorst ist späterhin als das Haupt dieser Verbindung angesehen worden, die, Gott weiß woher den Namen Tugendverein genommen und bekommen hatte. So wie aber die Vorstellung von einem förmlich organisirten Bunde falsch und übertrieben scheint, so war es, noch weit mehr, die von dem Verhältniß des General Scharnhorst zu demselben. Einzelne Mitglieder dieser Affiliation in Preußen wandten sich an Scharnhorst, weil sie ihn als das Haupt der antifranzösischen Partei ansahen, theilten ihm ihre Plane und Wünsche mit und hofften durch ihn mit dem Throne anzuknüpfen. Diesen Zweck erreichten sie einigermaßen. General Scharnhorst machte den König darauf aufmerksam, und war der Meinung, daß die gute Absicht und das Gefühl dieser Partei Achtung verdiene, daß sie auch nützlich werden könne, wenn einmal der Himmel andere glückliche Ereignisse herbeiführe, und daß es in jedem Fall klug sey, sie auf diese Weise im Auge zu behalten. Der König genehmigte diese Ansichten, und wurde auf diesem Wege mit alle dem zuerst bekannt, was die andere Partei für ein dem Vaterlande verderbliches und gegen den Thron zum Theil selbst gerichtetes Pateispiel hielt. Diese Meinung, hauptsächlich aber Neid und Kabale gegen Scharnhorsts eminente Stellung, war es, was damals häufige Denunciationen veranlaßte, die, da in Preußen der Weg zum Thron jedermann offen steht, auch leicht und jedesmal bis zur Person des Königs gelangten, aber natürlich an der wahren Natur der Sache scheitern mußten.

Scharnhorst hielt sich in dieser Stellung und Wirksamkeit bis ins Jahr 1810, wo die Finanz-Verlegenheiten einen Wechsel des Ministeriums verursachten. Hardenberg übernahm es an der

Spitze der Administration, die Contributionen, die man noch an
Frankreich schuldig war, abzutragen. Ob er gleich Hannoveraner
von Geburt war und früher für einen Gegner der Franzosen gegolten hatte, so schien er durch persönliche Eigenschaften, durch
Gewandtheit, Mäßigung und Nachgiebigkeit doch geeignet, dies
politische Verhältniß zwischen Preußen und Frankreich auf einem
erträglichen Fuße zu erhalten, ohne dem Staate das Vertrauen
der andern Mächte zu entziehen. Obgleich Scharnhorst zu dieser Veränderung mitgewirkt hatte und in genauer Bekanntschaft
mit Herrn von Hardenberg war und blieb, so glaubte er doch,
der Zeitpunct sey gekommen, wo er sich selbst mehr von der
Bühne zurückziehen müßte, um dadurch einen förmlichen Antrag
Frankreichs wegen seiner gänzlichen Entfernung, dem er allerdings
mit jedem Tage entgegen sehn durfte, zuvor zu kommen, wodurch
ihm diejenige Wirksamkeit geraubt worden wäre, die er sich bei
einem scheinbar freiwilligen Zurücktreten vorbehalten konnte. Er
gab daher seine Stelle als Chef des Kriegs-Departements auf,
blieb aber im Dienst, und behielt die ganze Armirungsangelegen-
heit der Armee in seiner Hand, da die neuen Behörden ange-
wiesen wurden, über alle wichtige Gegenstände sein Gutachten einzuholen.

Im Jahre 1811 fing man an, in Deutschland, besonders
in Preußen, den Druck der Atmosphäre zu fühlen, der sich durch
das furchtbare Ungewitter des folgenden Jahres entladen sollte.
Welche Plane, Neigungen und augenblickliche Absichten in den
Kabinetten zu Wien, Petersburg und Berlin damals statt gefunden haben mögen, sind wir nicht im Stande anzugeben. Gewiß ist nur, daß unter den wenigen, die in Berlin eine tief ver-
schlossene Hoffnung zum Widerstande gegen Frankreich hegten,
Scharnhorst der einzige war, welcher einen Versuch machte, denselben zu realisiren. Er machte im Sommer 1811 eine sehr geheim gehaltene Reise nach Petersburg, und im Herbst desselben
Jahres eine eben solche nach Wien.

So wie diese Reisen selbst damals so geheim blieben, daß noch in diesem Augenblick in Preußen die wenigsten Menschen eine Ahnung davon haben, so ist auch ihr eigentlicher Zweck nie bekannt geworden. Wahrscheinlich wollte Scharnhorst sich an beiden Höfen persönlich von dem Stande der Angelegenheiten unterrichten, um gewiß zu seyn, ob sich der Plan zu einem neuen Widerstand mit Vernunft entwerfen ließe, und einen solchen vor dem Könige und dem Staatskanzler nicht etwa auf leere Voraussetzungen zu gründen. Der Erfolg scheint weder seinen Hoffnungen ganz entsprochen, noch sie ganz zerstört zu haben, denn erst im Frühjahr 1812 sah sich Preußen zu dem schweren Schritt gedrungen, die Alliance mit Frankreich zu suchen.

Ehe der vorgeschlagene Tractat in Paris angenommen wurde, setzten sich die französischen Colonnen unter Davoust im Monat Februar 1812 plötzlich von Magdeburg gegen Berlin in Marsch, ohne den Hof im mindesten von diesem Schritte benachrichtiget zu haben. Ein wahrer Schrecken verbreitete sich, da es das Ansehn hatte, als halte man in Paris den Abschluß des Tractats auf, um Preußen wie eine Feldwacht aufzuheben, und mit diesem, wie man später erfuhr, von Talleyrand angerathenen Gewaltstreiche den Feldzug von 1812 zu eröffnen.

Was Preußen in dieser Lage durch den ihm abgezwungenen Widerstand bewirkt haben würde, ist schwer und vielleicht unnöthig zu untersuchen, wichtig für die Charakteristik Preußens ist es nur, daß man ohne äußerlich im mindesten die ruhige Haltung zu unterbrechen, die dem Könige natürlich ist, im Cabinet die nöthigen militairischen Maaßregeln ergriff, um sich mit der Kriegskunst eines Parteigängers brav und entschlossen einen Weg aus dieser Schlinge zu öffnen.

Die Sachsen hatten mit ihrem für Frankreich bestimmten Contingent sich an der Grenze der Niederlausitz in Quartiere gelagert. Scharnhorsts Vorschlag war, wenn der erwartete Courier von Paris nicht zur rechten Zeit einträfe, die bei Potsdam und Berlin stehenden, etwa 10,000 Mann starken Truppen zu versammeln, und sich entweder mitten durch die Sachsen hindurch den Weg nach Schlesien zu öffnen, oder sich über das noch offene Frankfurt nach Preußen zurück zu ziehen.

In diesem kritischen Moment traf der Courier mit dem unterzeichneten Allianz=Tractat ein, womit denn die Alternative, ob Preußen ein verzweiflungsvoller Gegner Frankreichs oder, wie Oestreich, sein erzwungener Bundesgenosse werden sollte, entschieden war.

Die Franzosen hatten sich den General Grawert als Führer des Contingents erbeten, im Cabinet des Königs aber wurde beschlossen, diesem General welcher bereits an Kränklichkeit und Altersschwäche litt, für alle Fälle den General York beizugeben.

General Scharnhorst zog sich hierauf nach Schlesien, und nahm an den Begebenheiten nicht eher wieder Theil, als bis die Russen an der Grenze von Schlesien erschienen.

Sobald sich der König nach Breslau begeben hatte, berief er den General Scharnhorst zu sich, und dieser hatte unter den eingetretenen Umständen den hohen Genuß, seinem lang verhaltenen Drange freien Lauf zu lassen, und durch sein Ansehen und seine Thätigkeit, wie ein neues Gewicht, die Bewegung des preußischen Cabinets gegen das neue Ziel zu beschleunigen. Er beförderte zuerst den Abschluß des Tractats mit Rußland, indem er vom Könige selbst nach Kalisch gesandt und dort vom Kaiser Alexander wie ein alter Freund seiner Sache aufgenommen wurde.

Die große Ausrüstung, durch welche Preußen sich zu einer der ersten Rollen in diesem Kriege empor schwingen wollte, die wirkliche Aufrichtung des im Geheimen zubereiteten großen Gebäudes, war nicht das Werk weniger Wochen, denn für die Ausrüstung der Landwehren, die in diesem Kriege die preußische Macht verdoppelten, hatte bis dahin nichts geschehen können.

Es war aber voraus zu sehen, daß Bonaparte in sechs bis acht Wochen mit einer neuen Armee in Sachsen erscheinen würde.

Das stehende Heer Preußens war halb nach Rußland gezogen, was davon zurückgekehrt war stand im entfernten Ostpreußen und mußte neu organisirt werden. Die andere Hälfte war zum Theil in Westpreußen und Pommern zerstreut, und nur etwa 12 bis 15,000 Mann mochten in Schlesien seyn. Aus diesen wurde in wenig Wochen eine kernhafte in jeder Rücksicht vortreffliche Armee von 30,000 Mann unter Blücher geschaffen, während General York sein Corps bis zu 20,000 Mann ergänzte, und General Bülow in Pommern ein ähnliches bildete, so daß im April Preußen aus den nach dem russischen Feldzug übrig ge= bliebenen 30,000 Mann eine Macht von 70 bis 80,000 gebildet hatte, womit es seinen durch den langen beschwerlichen Feldzug geschwächten Alliirten unterstützen konnte. Wenn man bedenkt, daß die russische Macht selbst damals nicht über 70 bis 80,000 Mann betragen haben wird, so wird man diese erste schnelle Hülfe Preußens zu würdigen wissen, denn obgleich die Schlachten von Groß=Görschen und Bautzen lehrten, daß die Alliirten nicht stark genug waren, der neuen französischen Armee zu widerstehen, so brachen sie doch die Gewalt des Stromes und führten den Waf= fenstillstand herbei, wodurch die Zeit gewonnen wurde, welche Oest= reichs Rüstungen und die Einrichtung der preußischen Landwehr erforderten. General Scharnhorst, den der König in dieser Zeit zum General=Lieutenant ernannte, ging als Chef des Generalsta= bes der Schlesischen Armee mit dieser nach Sachsen. Durch das Vertrauen des Königs, des Kaisers Alexander, des alten Blücher und fast sämmtlicher Chefs der russischen Armee geehrt, war er es hauptsächlich, welcher die Verbindung und Einheit in den Ope= rationen hervorbrachte, die bei dem Mangel eines eigentlichen Oberbefehlshabers so leicht fehlen konnten. Er besorgte dabei die Organisation und die Ausrüstung der Landwehr nach allen Kräften, und beseitigte durch sein Ansehen noch mehr Hinder= nisse, mit denen ganz neue Einrichtungen überall zu kämpfen haben.

Jn der Schlacht von Groß=Görschen, in der der alte Blü=

cher sich edelmüthig unter General Wittgensteins Befehle stellte, trat auch Scharnhorst bescheiden auf eine Stelle zurück, die ihm als General-Quartiermeister eines untergeordneten Corps zukam. Hier wurde er bei den mörderischen Gefechten zwischen Groß- und Klein-Görschen Abends 7 Uhr von einer kleinen Gewehrkugel im linken Bein blessirt. Er mußte sich vom Schlachtfeld entfernen, und wurde nach Zittau in der Oberlausitz gebracht. Da er seine Wunde nicht für gefährlich hielt, so wollte er die Zeit, in der er als Offizier nicht nützlich seyn konnte, benutzen, um nach Wien zu gehn, und dort die Angelegenheiten der guten Sache zu betreiben. Auf dem Wege dahin wurde seine Wunde so schlimm, daß er umkehren und sich nach Prag bringen lassen mußte. Hier wurde sein Zustand bald lebensgefährlich und am 28. Juni erfolgte sein Tod, der nicht allein in Preußen mitten unter den großen Bewegungen des Augenblicks tief empfunden wurde, sondern auch selbst in dem fremden Prag eine allgemeine schmerzliche Sensation verursachte.

Sein mit ihm innig verbundener Freund, der treue Gehülfe aller seiner Arbeiten, der General von Gneisenau, trat in Preußen an seine Stelle, und vollendete die Aufrichtung des herrlichen Gebäudes.

Wenn es überhaupt schwer ist, die Wirksamkeit eines Staatsmannes mit genauem Maaße zu messen, so ist dieses noch weit mehr der Fall, wenn, wie beim General Scharnhorst, diese Wirksamkeit mit einem bescheidenen Zurückhalten der Persönlichkeit verbunden ist. Man muß darauf Verzicht leisten, den Antheil desselben an der großen Begebenheit actenmäßig auszuscheiden und der Welt vorzulegen.

Aber der vorurtheilslose Beobachter Preußens in seiner sechsjährigen Krisis, wird in das Urtheil einstimmen, daß dieser merkwürdige Mann, für das damalige Preußen, als der Kern und Schwerpunct des politischen Widerstandes, als der Keim und das

lebendigste Bildungsprinzip zu staatsbürgerlicher Gesinnung an=
gesehen werden kann.

Die Wiedergeburt des preußischen Heeres, die Vereinigung
der Stände im Volk, die Schöpfung der Landwehr, der hart=
näckige Widerstand gegen den Kleinmuth der Zeit und das Miß=
trauen der Parteien, sind eben so viele Anker, die die Hand dieses
geschickten Piloten in den Zeiten der gewitterschweren Atmosphäre
ausgeworfen, und an welchen das königliche Schiff den losbre=
chenden Stürmen getrotzt hat.

II.

Charakteristik von Scharnhorst.

Sein Verstand.

Ein ruhiger, wenig beweglicher, aber scharfer, durchdringen=
der Verstand, der, wenn er sich auf einen Gegenstand richtete,
immer einen kerngesunden, starken Gedanken hervorbrachte, aber
freilich nicht, wie bei lebhaften Menschen, spielend ohne Zweck
bunte Blumen trieb. Es fehlte demselben nicht an Reizbarkeit,
noch an Feinheit, noch an Schnelle, sondern nur an der unru=
higen Beweglichkeit, die sich auf alles wirft. In Scharnhorst
waren die Bewegungen des Verstandes, wie überhaupt der
Seele, mehr innere als solche, die sich äußerlich zeigen. Er faßte
sehr schnell und die leisesten Erscheinungen entgingen ihm nicht,
aber man wurde es an ihm nicht gewahr. Auf entsprechende Art
stand diesem Verstande zwar keine glänzende Phantasie zur Seite,
aber ein höchst klares Vorstellungsvermögen.

Ein solcher Geist konnte edle Früchte still zeitigen, aber nicht
wie andere mit Blüthen prangen. Er glich denjenigen Pflanzen,
die durch ihre Früchte die Basis des Menschenlebens ausmachen,
aber kaum bemerkbar blühen, während die beredte und witzige
Classe der Menschen den Blumenzwiebeln zu vergleichen ist, be=

ren ganze Frucht in reizendem, oft betäubendem Duft besteht; ich spreche hier nicht von Dichtern, die selbst Früchte treiben, sondern von den witzelnden Geistern, die sich nur damit beschäftigen, alles schon Geschehene oder Vorhandene, Wahre oder Falsche, auszuputzen.

Diese standen ihm am geradesten entgegen, und dienen hier dazu, als seine Folie gebraucht, ihn besser ins Licht zu setzen. So wie hier, fügte es sich im Leben, daß er ihnen immer gegenüber stand; und die Folge war, daß er beim großen Haufen ihren Glimmerstrahlen weichen mußte.

Zwei Eigenthümlichkeiten zeichneten Scharnhorst's Denken aus, und haben hauptsächlich beigetragen, seinem Leben die Wichtigkeit zu geben, die es für uns hat.

Die erste ist die völligste Unabhängigkeit der Meinung, so daß kein Ansehn, weder das eines großen Namens, noch das des Alters und der Verjährung ihn beschränkte.

Die zweite, daß er eine große Vorliebe für die Kraft des historischen Beweises in allen Gegenständen seines Bereichs hatte.

Ein durchdringender Verstand ohne glänzende Phantasie, liebt das System und das speculative Denken nur so weit, als es ihm reicht, als es mit den Erscheinungen der Welt ohne Zwang zusammen stimmt. Da, wo den Schöpfer glänzender Systeme die Phantasie weiter führt, kehrt jener leise um, und verwendet seine Kräfte, das Gedachte mit dem Bestehenden sorgfältig zu einigen, und sie in einander zu verschmelzen, wobei er wieder die speculative oder die historische Erkenntniß gesetzgebend vorwalten läßt, je nachdem die Natur des Gegenstandes es verlangt.

Nur ein solcher Verstand ist dem politischen Leben der Gesellschaft überhaupt, besonders aber der Kriegskunst entsprechend. In dieser ist das Phantastische ohne alle schöpferische Kraft, und diejenige Wahrheit unerläßlich, die aus der Nähe entspringt, in welcher der Begriff neben der Sache aufgestellt wird.

Durch diese beiden Eigenschaften haben die Früchte seines Geistes, wie sie sich im Lehren und im Handeln gezeigt haben, den Grad der Originalität und des praktischen Erfolgs erlangt, der nöthig war, um in so hohem Maaße wirksam zu werden. Mit dieser scharfen Prüfung des wirklichen Lebens hängt es auch zusammen, wenn Scharnhorst die natürliche Freiheit seines Verstandes benutzte, um mit der Kraft des historischen Beweises für Andere auch die Kraft der Autorität zu verbinden. Darum geschah es, daß er seine Meinung mühsam mit den Handlungen und Meinungen ausgezeichneter Männer verglich, und oft mit großem Scharfsinn eine Uebereinstimmung entwickelte, die den meisten neu war. Er kannte die Gewalt, welche das Ansehn der Namen auf die meisten Menschen ausübt. Als ein praktischer und klarer Verstand, der die Menschen und ihre Verhältnisse unaufhörlich im Auge hat, suchte er diejenigen Wege zur Ueberzeugung der Anderen einzuschlagen, die die wenigsten Hindernisse darboten. Er vermied so viel er konnte, die Strudel, womit Eigensinn und Vorurtheil den ruhigen Lauf seines Wirkens stören konnten, bahnte seiner Meinung so viel als möglich einen Weg in gewohnten Kanälen, überzeugt, wenn sie den großen Haufen einmal umgeben und durchdrungen hätten, so würden sie durch ihre innere Gewalt von selbst den Felsen der hartnäckigsten Vorurtheile untergraben und stürzen. Wie ein geschickter Baumeister legte er den Meinungen der Menschen da ein Bühnenwerk entgegen, wo sie sich wenig oder gar nicht beeinträchtigt glaubten, und leitete so unvermerkt den Strom der eigenen Ueberzeugung gegen das eigene Vorurtheil.

Wenn solche Reformatoren, die entweder in die Charlatanerie hinein spielen, oder ihre Genialität wie einen Knotenstock führen, sich gern damit brüsten, daß ihre Gedanken neu, und ganz das Umgekehrte des Alten seyen, so suchte Scharnhorst die Leute damit zu beruhigen, daß es im Grunde nur das Alte sey, was er vorhabe, etwas modificirt und wohl verstanden.

2 *

Sonderbar ist es, daß dem General Scharnhorst eine auffal=
lende Unbehülflichkeit im Ausdrucke eigen war. Witz, Lebendig=
keit, Phantasie und üppiges Hervorschießen speculativer Ideen,
geben Glanz und Beredsamkeit im Vortrage, und es ist also nicht
auffallend, wenn da, wo jene Eigenschaften fehlen, auch der Vor=
trag schlicht und einfach bleibt. Aber beim General Scharnhorst
war er unbehülflich, als ob ihm die Mittheilung seiner Ideen
schwer würde. Weitläufigkeit, Unbestimmtheit und Langsamkeit
waren die ersten Eindrücke; und im gewöhnlichen gesellschaftlichen
Verkehr, wo man oft nur spricht um zu sprechen, hatte man
nicht Gelegenheit von diesem Urtheil zurück zu kommen. Aber
Scharnhorst war nichts desto weniger ein vortrefflicher Lehrer, wel=
ches selbst die bezeugt haben, die ihn nur halb verstanden, und
ein sehr präciser Schriftsteller. Die Sache ist, daß jene Unbe=
hülflichkeit wirklich nur in den Worten und nicht in den Vor=
stellungen, oder nur so weit in den Vorstellungen lag, als sie
Vehikel der Darstellung waren. Er kannte diesen Mangel sei=
nes Geistes sehr gut. Beim mündlichen Vortrag, da wo es ihm
auf wirkliche Mittheilung seiner Meinung ankam, wiederholte er
sich deshalb unter mehreren Formen des Ausdrucks, damit die
eine Form das Unbestimmte der andern ergänzen möchte, scheuete
diese anscheinende Weitläufigkeit nicht, und verfehlte dann auch
nie den Gedanken mit der höchsten Klarheit hinzustellen. Da
diese Weitläufigkeit, welche aus der Unbehülflichkeit im Ausdruck
entsteht, im Grunde nur eine scheinbare und ganz verschieden
von der wirklichen ist, die unnütze Vorstellungen herbei schleppt,
und dem Kleinen einen unverhältnißmäßigen Werth beilegt; so
hatte jene denn auch auf keine Weise die Wirkung von dieser.
Was in dem Gebrauch der Wörter und Wendungen an Zeit ver=
loren geht, bringt ein kerniger Gedanke hundertfach ein. Beim
schriftlichen Vortrag war daher auch keine Spur jener Weitläu=
figkeit, denn er verbesserte so lange und arbeitete so oft um, bis
kein Wort zu viel oder zu wenig schien, und seinem äußerst fei=

nen Verstande alles genügte. Aber es ist sehr natürlich, daß diese Unbeholfenheit im Ausdruck, durch einen langsamen hannöverischen Dialekt noch verstärkt, das Urtheil der Menge über ihn unaufhörlich nach einer falschen Richtung hingetrieben hat. Die Leute der vornehmen Welt, selbst nicht mit Ausnahme der Männer von Geist, hielten ihn für einen trockenen Gelehrten und Pedanten, die Militäre für einen unentschlossenen, unpraktischen, unsoldatischen Bücherschreiber. Und nie hat sich ein Urtheil so verirrt; denn gerade entgegengesetzte Eigenschaften zeichneten ihn aus. Anstatt Pedant zu seyn, achtete er die rohe Materie des Wissens sehr gering und sah nur auf den Geist, der daraus gezogen werden kann, und nie hat es einen Menschen gegeben, der praktischer und werkthätiger in seinem ganzen Wesen gewesen wäre. Unverkennbar war dieses in seiner Beurtheilung und Auswahl der Menschen, die gebraucht werden sollten; der gesunde Hausverstand, der Mutterwitz, oft das rohe Naturkind galten ihm da mehr, wie jedes Wissen, dessen Geschick und Anstelligkeit sich noch nicht bewährt hatten. Wie liebenswürdig und genial erscheint nicht diese Vorliebe für die natürlichen Fähigkeiten bei einem Manne, der sein ganzes Leben darauf verwendet hatte, das Wissen seines Faches umfassend zu durchdringen.

Was der General Scharnhorst in seiner Laufbahn Ruhmwürdiges geleistet hat, besteht theils in dem Einflusse, den er als Schriftsteller auf die deutsche Kriegskunst ausgeübt, theils in der neuen Gestaltung des preußischen Heeres und Kriegsstaates nach der Katastrophe von 1806, welche von ihm ausging, endlich in dem Einfluß seiner politischen Ansicht als Staatsmann, in der für Preußen und Deutschland verhängnißvollsten Zeit.

Wir haben nicht vor, diese Wirksamkeit zu schildern, da wir bloß eine Charakteristik seiner Person und nicht seines Lebens beabsichtigen, aber seiner Rolle als Schriftsteller und als Lehrer müssen wir mit ein paar Worten gedenken.

Obgleich für Den, welcher zu lesen versteht, auch in den frühesten, dem Anschein nach vielleicht nicht ausgezeichneten Schriften Scharnhorst's (sein Handbuch der Kriegswissenschaft und die militairische Monatsschrift) der Geist des ausgezeichneten Mannes wohl zu erkennen und von dem Geist gewöhnlicher Compilation zu unterscheiden ist, und obgleich das später erschienene Taschenbuch für Offiziere sich durch seine praktische Tendenz und durch seine Gediegenheit zu dem Range eines klassischen Werkes erhebt, so war es doch hauptsächlich in den, noch größtentheils ungedruckten Resultaten seines Nachdenkens, wie sein Lehrvortrag und persönlicher Umgang sie entwickelten, wo dieser Geist in seiner ganzen Fülle hervortrat.

Das alte Kriegswesen war im Revolutionskriege zusammengestürzt; weil die Zeit und die politischen Erscheinungen sich verändert hatten, so paßten seine Formen und Mittel nicht mehr; das wurde allgemein gefühlt und vom französischen Schwerte aufgedrungen. Daß die Meinung in diesem Falle noch weiter ging, als nöthig war, daß der Glaube an das Alte tiefer untergraben war, als die Sache selbst, gehört zu den gewöhnlichen Erscheinungen. Die Franzosen hatten mit ihren revolutionairen Mitteln das alte Instrument der Kriegführung wie mit Scheidewasser angegriffen; sie hatten das furchtbare Element des Krieges aus seinen alten diplomatischen und finanziellen Banden losgelassen: er schritt nun mit seiner rohen Gewalt einher, wälzte eine ungeheure Masse von Kräften mit sich fort, und man sah nichts als Trümmer der alten Kriegskunst auf der einen Seite und unerhörte Erfolge auf der andern, ohne daß man dabei ein neues System der Kriegsführung, d. h. neue Wege der Klugheit, neue positive Formen im Gebrauch der Kräfte, deutlich unterschieden hätte. Der Krieg war dem Volke wiedergegeben, von dem ihn die stehenden Heere zum Theil entfernt hatten; er hatte die Fesseln abgeworfen, die eingebildeten Unmöglichkeiten überschritten. — Das war alles, was man von der Erscheinung auffaßte; welcher Bau auf dieser größern und stärkern Basis aufzuführen sey, sollte sich erst entwickeln.

Eine solche Zeit mußte die Systemmacher in Thätigkeit sezzen, und so erschienen denn, während der Krieg selbst in Bonaparte's Hand sich nach und nach in die neuen Formen umbildete, hinter einander ganz verschiedenartige Prinzipe, welche als der Keim der Theorie für die Kriegführung im Großen aufgestellt wurden.

Herr von Bülow sieht das Umfassen, als das wahre Prinzip des Kampfes an, entwickelt daraus ein System geometrischer Natur, dem er es zuletzt auch nicht an der Politur mathematischer Eleganz fehlen läßt, wie alle Charlatane thun.

Eine ganze Schaar Anderer, zu denen hauptsächlich Mathieu Dumas gehört, finden dieses Prinzip in dem örtlich höheren Standpuncte, und daraus entsteht nun, freilich durch eine Unzahl von halb wahren und halb falschen Substitutionen, ein System geologischer Analogie, welches sich höchst pittoresk ausnimmt. Die Nachbarn der Wolken, die Riesenhäupter der Gebirge, werden zu Herrschern des unter ihnen liegenden Landes und die Ströme zu Boten ihrer Gewalt. So scheint die Kriegskunst geologisch aus der Schöpfung der Erde selbst hervorzusteigen, sie berührt mit der Fußspitze nur die höchsten Gebirgsrücken, und herrscht mit wenig Zügen tief verborgener Weisheit magisch über die Unendlichkeit der Erscheinungen, mit denen der Krieg sich schwerfällig fortwälzt.

General Jomini setzt alles in die Vereinigung der Kraft auf einen Punct, und entwickelt daraus ein dem Bülowschen entgegengesetztes geometrisches System der innern Linien.

Daß diese phantastischen oder einseitigen Systeme sich entwickeln konnten, und zum Theil großen Glauben fanden, während der Krieg selbst gewissermaaßen auf dem Katheder stand, und täglich praktischen Unterricht gab, muß uns nicht wundern. Der Speculationsgeist wird sehr schnell von den Erscheinungen der wirklichen Welt angeregt, aber begreifen lernt er sie immer erst später; er wird zu stark davon angeregt, wartet ihren ruhigen Verlauf nicht ab, und betrachtet sie nicht von allen Seiten.

Scharnhorst's großes Verdienst war es, daß er von keinem dieser windigen Systeme, in deren Strudel alle Köpfe hineingezogen wurden, die nicht gedankenleer an dem Alten hielten, im mindesten angeregt wurde.

Er erkannte die unveränderte Zeit, er sah die Unzulänglichkeit der alten Manier, aber er suchte aus dem Alten selbst das Neue hervorgehn zu lassen, um auf so kurzem Wege, mit so wenigem Aufheben als möglich zu einer naturgemäßen Methode zu gelangen.

Er lehrte die Kriegführung im Großen mündlich, wie er die im Kleinen in seinem Taschenbuch gelehrt hatte. — Durch aufmerksame Betrachtung früher und später Ereignisse mit einem ganz unbefangenen gesunden Menschenverstande, gelangte er zu denjenigen Grundsätzen und Regeln, die das Wesen der neusten Kriegskunst ausmachen. Er lehrte sie in Preußen zu einer Zeit, wo man daselbst noch wenig an der Unfehlbarkeit der alten Einrichtungen und des alten Kriegssystems zweifelte, so wie man es sich aus dem Tempelhof abstrahirte und durch Revuen und Herbstmanoeuvres überliefert bekam, und wenn wir wenige Jahre darauf das preußische Heer den Krieg in einem den Umständen und der Zeit völlig angemessenen Geiste führen sehn, so kann man wohl sagen, daß es großentheils Scharnhorst's Werk war, weil er mit wenigen verständigen Aeußerungen den König von diesen Ansichten durchdrungen hatte, und Einrichtung, Uebung und Fecht-Ordnung des Heeres darauf gegründet wurden; dessen nicht zu gedenken, was er auf dem Lehrstuhle und im Umgange, von seinen Ideen in der Armee verbreitete.

Die Gründlichkeit von Scharnhorst's Ansichten, ihr wohlerworbener Besitz zeigten sich vorzüglich dadurch, daß er nicht wie die eitlen Systemmacher thun, das allerneuste der Begebenheiten, wie sie sich auf den ersten Anblick zeigten, zum Werkschuh der Sache machte; Bonaparte's Feldzüge waren damals nur aus Zeitungen bekannt, daher waren es keineswegs die neuesten Feldzüge allein oder hauptsächlich, die er zu seinen Betrachtungen wählte, sondern die Kriegsgeschichte überhaupt, besonders aber die seit den schlesischen Kriegen. Indem er für einzelne Begebenheiten die umständlichsten Züge mühsam herbeitrug, besonders für solche, die er selbst mit erlebt hatte, suchte er den Vorgang sich vor den Augen seiner Zuhörer gewissermaaßen von neuem zutragen zu lassen; — nach Art eines Geschworenen-Gerichts stellte er ein ausführliches Zeugenverhör an, und ließ nun den gesunden Menschenverstand die Resultate darin finden, wobei sein geübtes Urtheil bloß leitete. Da er so von wirklichen Begebenheiten in einer breiten Basis ausging, schienen sich in ihm und den Zuhörern zugleich die allgemeinen Grundsätze von selbst zu bilden; — kein wegwerfender Blick auf das Alte, sondern ein unbefangenes ruhiges Auffassen der Eigenthümlichkeiten verschiedener Zeiten und Verhältnisse.

Wir können in der Charakterisirung seiner Ansichten in der Kriegskunst nicht weiter gehen; wir können hier nicht die Hauptgrundsätze angeben, welche ihm für den Krieg im Großen und Kleinen natürlich schienen, aber zwei Seiten des Ganzen müssen wir noch einmal herausheben. Die eine ist, daß diese Grundsätze, in ihren größeren Umrissen, durchaus mit dem Kriege zusammenfallen, wie er sich, in seinem natürlichen Fortschreiten, seit dem neunzehnten Jahrhundert, von selbst ausgebildet hat, obgleich im Einzelnen vielmehr Elemente der Ueberlegung, Klugheit und List darin sind, als in dem etwas plumpen Stoß-Methodismus der französischen Heerführer. Die andere Seite ist, daß der Untersuchungsgeist Scharnhorst's das unbefangene Urtheil des gesunden Menschenverstandes weckte und ermunterte, und dessen einfache und natürliche Ansichten gegen die Anmaßung falscher Genialität und unfruchtbarer Gelehrsamkeit in Schutz nahm. Da-

burch sind die Köpfe zum Selbstdenken ermuthigt worden, und
diese wahre Geistesbelebung dauert in ihren heilsamen Wirkungen
gewiß noch lange fort, und wird dazu dienen, der Tendenz zu
künstlichen und gelehrten Theorieen einen gewissen Naturalismus
entgegen zu stellen, der das hohle Phrasenwesen niederkämpft und
dem unnatürlichen Streite zwischen Theorie und Praxis ein Ende
macht. Aber in dem Augenblicke, wo er selbst lehrte, konnte sein
unscheinbares Wirken nicht das Aufsehn erregen, welches immer
nöthig ist, wenn die Menge mit fortgerissen werden soll. Die
Menschen lieben ihren Geist auszuschmücken, wie ihren Körper,
mit glänzendem Modeputz, und sie wählen, wenn sie doch einmal
ihre Gedanken bei Anderen kaufen müssen, lieber Solche, von denen
sie glauben, daß sie gut stehen. Der Geist bewegt sich in
einem glänzenden System viel stattlicher, als in schlichter Wahrheit; darum haben denn die unscheinbaren Ansichten dieses wei-
sen Lehrers in dem, was die öffentliche Meinung heißt, kaum einen Blick auf sich ziehen können neben dem Firlefanz französischer
und deutscher Systemmacher, und er hat bloß deshalb, selbst oft
bei geistreichen Leuten, mehr für einen trocknen Sammler als für
einen schaffenden Genius gegolten.

Hätte ihn nicht ein ruhmvoller Tod einem noch ruhmvol-
leren Leben entrissen, so würde in seinen letzten schriftstellerischen
Arbeiten sein Verdienst um die Theorie des Krieges sich gewissermaaßen verkörpert haben und Allen sichtbar geworden seyn. Der
letzte Theil seiner umgearbeiteten Artillerie allein würde dazu hinreichend gewesen seyn. In diesem wollte er den Gebrauch dieser
Waffe im Felde lehren, und zwar, wie er immer that, hauptsächlich in Beispielen. Da nun in neueren Zeiten diese Waffe mit
den andern beiden so genau verbunden ist, und einen so großen
Antheil an den Gefechten aller Art hat, so führte ihn dies dahin, die ganze Gefechtslehre in seinen Gegenstand hinein zu ziehen, und da er sich hier recht in seinem Lieblingsfelde befand, so
that er es mit Lust und Liebe und mit der Fülle des Geistes.

Die meisten Materialien waren bereits gesammelt und finden sich wohl in seinem Nachlasse, aber es dürfte dennoch schwer seyn, diese Werkstücke ohne ihren Baumeister zusammenzufügen, denn sein Denken ist zu originell, er nahm die Dinge zu wenig auf die Art der Anderen, so daß man befürchten muß, wenn man auch das ganze Material hat, immer noch die Seele, den bildenden Gedanken zu verfehlen.

Sein Herz.

Scharnhorst war ein höchst lebendig und zart fühlender, ja ein durchaus weicher Mensch, und wenn dieses Vorwalten des Gefühls ihn in seinem öffentlichen Leben nicht zur Schwäche führte, so war es nur Folge der Ueberlegung und eines künstlich hervorgebrachten Gleichgewichts.

In der Tiefe des Herzens Gerechtigkeit, Redlichkeit, Unbestechlichkeit; in allen Aeußerungen des Umgangs in und außer dem Geschäftsleben Nachsicht und Duldung, Ruhe und Freundlichkeit; im vertrauten herzlichen Zusammenleben die kindlichste Theilnahme und offenste Ergießung, die freundlichste Nachgiebigkeit, der fröhlichste Scherz — war es möglich, von den Schwingungs-Kreisen dieser verschiedenen Saiten näher oder entfernter berührt zu werden, ohne alle Saiten des eigenen Herzens mit anschlagen zu fühlen? —

Seine Empfindungen waren so jugendlich frisch, daß er dieselben Bücher, die sein Herz in den Jünglingsjahren gerührt hatten, in Erholungsstunden mit Vergnügen wieder las, und niemals wurde es ihm schwer, in den Ideenkreis der jungen Welt, die ihn umgab, mit Wärme einzugehen.

Hier berufe ich mich auf das Urtheil der Frauen, deren zartere Empfindungsweise am meisten berechtigt ist, das Herz des Menschen zu erkennen. —

Sein Charakter.

Das Bedürfniß seines Kopfes nach großer Wirksamkeit und der Adel seines Herzens hatten sich in seinem Charakter zu Grundsätzen strenger und großer Bürgertugend verschmolzen. Diese waltete vor und beherrschte alle einzelne Züge seines Charakters, unter denen Kühnheit, Vorsicht, Festigkeit, Unermüdlichkeit, Fassung, Schlauheit und Verschlossenheit die hervorstechendsten sind.

Wer feil um Geld diente, war ihm verhaßt, wem äußerliche Ehre die Hauptsache war, der blieb ihm wenigstens fremd, wer ohne alles Streben träg dem Schlendrian folgte, war ihm verächtlich; Menschen aber, die irgend einen edlen Zweck mit Aufopferungen verfolgten, wurden ihm, welcher Art sie sonst seyn mochten, augenblicklich lieb und achtungswerth. Eine große Wirksamkeit, nicht um des Geldes oder der Ehre, sondern um ihrer selbst willen, aus Geistesbedürfniß lieben, war ihm der Stempel des Mannes. Dies hat er in Rücksicht auf sich selbst durch das bescheidenste Zurücktreten bewiesen, in Rücksicht auf Andere durch die Wahlen, die er für den Staat zu machen hatte; wobei ihn dieser Grundsatz hauptsächlich leitete. Nichts desto weniger bewahrte ihn sein praktischer Kopf vor dem Abwege, auf den der Philosoph hätte gerathen können. Es gab der Menschen zu wenige, die ganz nach seinem Herzen waren, denen bei einem klaren und tüchtigen Verstand nicht alle Schwärmerei des Gefühls verloren gegangen ist; nur diese zu suchen wäre ein träumerischer Vorsatz gewesen, darum mußten auch die Ehrgeizigen hervorgezogen werden, denn die große Thätigkeit, zu der sie sich gespornt fühlen, ist ein köstliches Ding in der Staats-Administration.

Nichts aber ging ihm als Soldaten über die Tapferkeit im Kriege. Wie man sie auch bei einem Volk oder bei einem Heere als eine allgemeine Bedingung schon voraussetzen mag — immer bleibt es möglich, sich darin auszuzeichnen, und es bezeichnet recht in Scharnhorst den praktischen Sinn und Adel des

Herzens, daß er ein solches Hervorthun höher stellte, als alles andere, denn es ist kein leichtes und ist das beste und nützlichste von allen Elementen des Krieges.

Der edle, großartige, stille Ehrgeiz, welcher Scharnhorst's Brust beseelte, rief die großen Conceptionen hervor, wodurch er so viel geleistet hat, und in diesem sprach sich die Kühnheit seines Charakters aus.

Frembling im Lande und im Heere, ohne Familienverbindungen, selbst ohne Bekannte und Freunde, ohne Talent und Uebung in den Sitten der Höfe und der vornehmen Welt, der Rathgeber eines Monarchen zu werden, dem er, der Person nach, völlig fremd war, auf dessen völliges Vertrauen er in den ersten Jahren keine Ansprüche haben konnte, und von diesem Standpunct aus eine Hauptveränderung mit dem ganzen Heer vorzunehmen, und wieder in einer Zeit, wo der Staat niedergeworfen und gefesselt da lag, und alles nur an unbeschränkte Hingebung dachte, in der Stille die Mittel zu einem riesenhaften Widerstande vorzubereiten; das ist wohl, was man im Friedensverhältnisse kühn nennen kann. Auch auf dem Schlachtfelde würde er diese Kühnheit gezeigt haben, denn in seinem kleinen Verhältnisse beim Durchschlagen der Besatzung von Menin hat er sie gezeigt.

Neben dieser Kühnheit geht die weiseste Vorsicht einher; wie hätten seine Plane ohne sie gelingen können. — Das Glück allein kann die Vorsicht ersetzen, und diesem verdankt Scharnhorst in seiner schwierigen Lage durchaus nichts.

Die Festigkeit der Vorsätze, die Stärke des Willens, ohne welche nie etwas Bedeutendes in der bürgerlichen Welt geschieht, schien Scharnhorst mehr der Reflexion, als einer störrischen, gebieterischen Natur zu verdanken. Darum lagen auch beide viel tiefer als gewöhnlich, waren in seinen äußeren Sitten völlig unbemerkbar, und verschafften ihm den Vortheil, den er wohl liebte, sie seinem Gegner erst spät entgegen zu stellen, wenn dieser schon ermüdet und nachgiebiger war. Scharnhorst's größte Eigenthümlichkeit in Verstand und Charakter, war die Unermüdlichkeit im Verfolgen seiner Plane, die Unerschöpflichkeit an Hülfsmitteln; der härteste Widerspruch, Unwille und Verdacht, nichts überwältigte ihn, — er unterdrückte jede Empfindlichkeit, kannte keine Furcht, wenn es darauf ankam, die Zwecke zu verfolgen, die seinem Herzen heilig waren.

Am schwersten möchte zu entwickeln seyn, auf welche Weise Scharnhorst, so höchst reizbar, so zart und lebhaft empfindend, so schnell auffassend, kurz so lebendig seyn konnte, und wieder so ruhig und gelassen bei den natürlichsten Veranlassungen zu Aufwallungen, so daß es schien, als koste ihm diese auf der Oberfläche seines Geistes herrschende Stille nicht mehr, als dem phlegmatischen Schlemmer seine natürliche Trägheit. Durch eine beständige Herrschaft über sich selbst, waren ihm Fassung und Ruhe natürlich geworden, und wer von ihm je eine wirkliche Aufwallung erfahren hat, muß ihm entweder für seine Person von lange her unangenehm gewesen seyn, oder es muß einen Gegenstand betroffen haben, über den er sich schon vielfältig ausgesprochen hatte. Beim erstenmal ist es wohl nie einem Menschen mit ihm begegnet.

Ein Charakterzug Scharnhorst's, dessen feine Begrenzung den Augen roher Geister unsichtbar war und welchen Bösartige absichtlich zu verrücken pflegten, war eine harmlose Schlauheit. Die Ueberzeugung, daß die meisten Menschen nur durch unsichtbare Hebel auf der Sandbank ihrer Vorurtheile flott gemacht werden können, und das Studium der Kriegskunst, in der alles darauf ankommt, seine Absichten zu verstecken, hatten seinem Geiste diese Wendung gegeben, die ihm sein feiner Verstand erleichterte und sein sanftes weiches Wesen zum Bedürfniß machte. So wie es aber bei gutmüthigen Menschen einen unschuldigen Witz giebt, der nie bösartig wird, so war in Scharnhorst's Schlauheit nie Falschheit. So wie es auf persönliche Verhältnisse ankam, konnte jeder, der mit ihm zu thun hatte, leicht wahr nehmen, wie er mit ihm stand, sobald er nur die erste Hülle conventioneller For-

men durchbrechen wollte. Der wahren Verstellung, die ihm
seine äußerliche Ungewandtheit schon unmöglich machte, war er
auch aus inneren Gründen ganz unfähig. Nie wird man ihn ge-
sehn haben sich in den Kreis seiner Gegner drängen und sie be-
arbeiten, welches er sogar weniger verstand, als einem vollkom-
menen Staatsmann in seinen Verhältnissen nothwendig gewesen
wäre. Den Eitelkeiten der Leute zu schmeicheln, ihren Thorheiten
zu huldigen, war ihm durchaus unmöglich; in diesem Sinne war
Schonung und Zurückhaltung alles, was man von ihm erwarten
durfte. Es wäre ihm im Jahre 1813 alles darum zu thun gewesen, die Franzosen über seine Person und seine Pläne zu täu-
schen, gleichwohl ist es ihm nie möglich gewesen, sich einem der
Ihrigen oder ihrer Anhänger zu nähern, und so schlecht die
Franzosen über ihn unterrichtet waren, die ihn für einen unpraktischen Gelehrten hielten, so wußten sie doch das eine sehr gut,
daß er sie gewaltig haßte ¹).

In der Kriegskunst war es hauptsächlich, wo Scharnhorst
sich seiner Schlauheit gern bewußt fühlte, indem er sein ganzes
System damit befruchtete; ferner in allen Einrichtungen, die er
im Staate beabsichtigte, theils um die fremde Gewalt zu hinter-
gehen, die dem Staats-Interesse mit gezucktem Schwert entge-
gentrat, theils um die Bande des Vorurtheils und der Gewohn-
heit zu lösen, die in Preußen damals allen Geist erstickten.

Uns ist dieser Gegensatz am deutlichsten hervorgetreten, wenn
Scharnhorst über den Herzog Ferdinand von Braunschweig sprach,
dessen Feldzüge er so gründlich studirt hatte; er verweilte mit
besonderm Gefallen bei der Schlauheit dieses Feldherrn, pflegte
aber hinterher, halb im Scherz, halb im Ernst, seinen Abscheu

------

¹) In einem dem französischen Legations-Secretair Lefevre abge-
nommenen Memoire, welches die Schilderungen der in Preußen her-
vorstechenden Personen enthielt, heißt es: ancien professeur de Göttingen, homme savant, qui hanovrien de naissance hait le gouvernement français.

über die persönliche Falschheit auszudrücken, die ihm Schuld ge=
geben wurde.

Eine unbesiegbare Verschlossenheit, die sich nie, weder durch
die Aufwallung der Leidenschaft, noch durch den Reiz der Eitel=
keit überfallen ließ, stand jener Schlauheit zur Seite und gab ihr
den großartigen Charakter, wodurch sie in großen Staats=Ein=
richtungen wirksam werden konnte. Aber wie diese Schlauheit
nur ein Product des Verstandes war und sich auf große tugend=
hafte Absichten bezog, so war auch in den kleineren Verhältnissen
seines Lebens keine Spur mißtrauender Verschlossenheit in seinem
Charakter, sondern es herrschte gerade das Gegentheil darin vor:
eine kindliche unbefangene Offenheit.

Scharnhorst als Soldat.

Das unbefangene Wesen seiner äußeren Sitten, die weiche
Nachgiebigkeit seiner Formen, wurden von den meisten Menschen
für Unentschlossenheit und Mangel an Nerv gehalten, und so war
es denn natürlich, ihm die Cardinaltugenden des Soldaten ab=
zusprechen, ihn für einen gelehrten Militair zu halten, der auf
dem Schlachtfelde nothwendig eine schlechte Rolle spielen mußte.
Selbst Die, welche seinen Vortrag gehört, und die über die Klar=
heit seines Geistes, die Größe seiner Ansichten und die Stärke
seines Charakters keine Zweifel mehr hatten, vermißten doch zu
sehr den soldatischen habitus, an welchem man in der preußi=
schen Armee und im Frieden mehr hängt als billig ist. Es wäre
so natürlich gewesen, einen Blick auf sein Leben als Soldat zu
werfen, und da würde man schon vor dem Jahre 1806 durch das
Urtheil eines alten Soldaten, wie der General Hammerstein war, zu
einer andern Meinung vermocht worden seyn, und noch mehr in
den Jahren nach unserm unglücklichen Krieg durch das Urtheil,
welches der Altmeister des Degens, Blücher, über ihn fällte.
Allein die Unergründlichkeit der Menschen verließ sich lieber auf
die lebendige Anschauung des persönlichen Eindrucks, als auf hi=

storische Facta; sein Leben also blieb ununtersucht. So hat sich denn die Meinung, als sey Scharnhorst besser im Rath als in der That gewesen, bis zu seinem Tode und auch bis zu dieser Stunde erhalten, und seine eifrigsten Verehrer glauben einen Aufwand von Scharfsinn und Unparteilichkeit zu zeigen, wenn sie diese Unterscheidung gelten lassen.

Dies ist nun durchaus gegen unsere Ueberzeugung. Wir können es nur höchst unbillig und übertrieben finden, wenn man den äußeren Charakter des soldatischen Wesens, eine gewisse Entschiedenheit und Sicherheit, die sich freilich im Kriegerleben von selbst herauszubilden pflegen, für das sine qua non hält; wenn man aber diesen Eigenschaften wieder andere, die noch mehr auf der Oberfläche liegen, unterschiebt, wie ein kühnes Reiten, eine stattliche Gestalt zu Fuß und zu Pferde, einen gebieterischen Ton der Rede u. s. w., und wenn von diesen Kleinigkeiten das Urtheil, selbst der gescheuten Männer, unvermerkt fortgezogen wird, so muß man sich wundern, wie schwach es um die Reflexion des Menschen steht, so oft er nicht auf seiner Hut ist. Man darf ja nur die Reihe der Feldherren durchlaufen, insofern ihre Persönlichkeit uns bekannt ist, um sich bewußt zu werden, daß gerade die Mehrheit — zufällig oder nicht — einer solchen Persönlichkeit entbehrte. Nicht immer ist das äußere Wesen des Menschen dem Innern analog, und da, wo diese Analogie ist, gehört oft ein tiefer und geschärfter Blick dazu, sie zu erkennen. Dagegen ist es leeren Menschen oft so leicht mit der bloßen Maske zu glänzen, woraus denn zuweilen eine Fratze wird, die aber ihre Wirkung um so weniger verfehlt.

Wenn ich sehe, wie Scharnhorst im Jahre 1794 bei der Vertheidigung von Menin und dem Durchschlagen der Besatzung neu in seinen Rathschlägen, brav und entschlossen in der Ausführung ist, wodurch der alte Hammerstein zu dem edlen Geständniß vermocht wird, daß ihm hauptsächlich der Erfolg zu verdanken war; wenn ich mich erinnere, wie er in der Schlacht von

Auerstädt, trotz seiner Verwundung, im Gefechte blieb und dazu
beitrug, daß dieser Flügel länger und besser Stand hielt, als der
rechte, ob er gleich am stärksten angefallen war; wenn ich ihn
in der Auflösung unseres Heeres nach den Schlachten sich freiwillig an den tüchtigen Blücher anschließen sehe, bloß weil er
brav und tüchtig ist; wenn ich die Ausdauer sehe, mit welcher
diese Beiden, von drei französischen Corps gefolgt und gehetzt, bis
Lübeck hin sich schlagen, wo nur unglückliche Zufälle sie hindern,
durch Einschiffung sich und ihr Corps zu retten; wenn ich den
Bericht Blücher's an den König lese, worin er Scharnhorst's Entschlossenheit und Festigkeit rühmt; wenn ich dann in dem Feldzuge von 1807 in Preußen sehe, wie Scharnhorst alle Ueberre-
dungskraft anwendet, um die preußische Armee am 8. Februar
bis Eilau zu führen und zwar auf den linken Flügel hin, wo
die Schlacht am stärksten wüthet, weil er glaubt, daß die Preußen
in einer Schlacht, die für die Erhaltung ihrer Monarchie gefochten wird, nicht fehlen dürfen, daß sie die Vordersten und nicht
die Letzten seyn müssen; wenn ich mir dies alles zusammenfasse,
so kann ich nicht anders glauben, als daß dieser Mann ein Offizier auf dem Schlachtfelde war, wie es wenige giebt. Denke
ich nun dabei an seine Individualität, diese Kühnheit und Vorsicht, diese unübertroffene Ruhe, diese Fassung in erschütternden
Momenten, diese Fruchtbarkeit an neuen Hülfsmitteln, diese Verschlossenheit und List, und das alles durchdrungen von einer seltenen theoretischen und praktischen Kenntniß des Krieges; so weiß
ich nicht, wie diese Eigenschaften nicht einen ausgezeichneten und
großen Feldherrn hätten bedingen sollen.

Was ich über die Führung des Krieges im Jahr 1813 von
ihm gehört, was ich bei Görschen auf dem Schlachtfelde von ihm
gesehen, hat mich in dieser Meinung nur befestigt, und ich be-
zweifle es keinen Augenblick, daß wenn es ihm gelungen wäre,
den Befehl über ein großes Heer zu erringen, wie es ihm gelungen war, sich an die Spitze des preußischen Kriegsstaates zu

stellen, er in jener Laufbahn die Welt eben so in Erstaunen ge=
setzt haben würde, wie in dieser.

Erste Beilage.
Briefe von Scharnhorst an Clausewitz.

1.

Memel, den 27. Novbr. 1807.

Mein lieber Clausewitz. Ihre mir unschätzbaren Briefe habe
ich erhalten; ich sehe aus dem letzten, daß Sie die Beantwortun=
gen der beiden ersten nicht erhalten haben. So empfangen Sie
denn nun hier meinen innigsten und herzlichsten Dank für die
Liebe, Freundschaft und Güte, die Sie mir durch Ihre Briefe
erzeigt haben. Ihre Urtheile sind die meinigen oder werden es
durch Ihre Briefe; Ihre Ansichten geben mir Muth, die mei=
nigen nicht zu verläugnen; nichts könnte mich jetzt glücklicher
machen, als mit Ihnen an einem Orte zu seyn. Aber recht trau=
rig würden wir dennoch seyn; denn unglücklich, ganz unbeschreib=
lich unglücklich sind wir. — Wäre es möglich, nach einer Reihe
von Drangsalen, nach Leiden ohne Grenzen, aus den Ruinen sich
wieder zu erheben, wer würde nicht gern Alles daran setzen, um
den Samen einer neuen Frucht zu pflanzen, und wer würde nicht
gern sterben, wenn er hoffen könnte, daß sie mit neuer Kraft
und Leben hervorginge! — Aber nur auf Einem Wege, mein lieber
Clausewitz, ist dies möglich. — Man muß der Nation das Gefühl der
Selbstständigkeit einflößen, man muß ihr Gelegenheit geben, daß sie mit
sich selbst bekannt wird, daß sie sich ihrer selbst annimmt, nur
erst dann wird sie sich selbst achten und von Anderen Achtung zu
erzwingen wissen. Darauf hinzuarbeiten, dies ist alles was wir
können. Die Bande des Vorurtheils lösen, die Wiedergeburt
leiten, pflegen und sie in ihrem freien Wachsthum nicht hemmen,
weiter reicht unser hoher Wirkungskreis nicht.

3*

So sehe ich die Sache, so sehe ich unsere Lage an. — Ich ziehe mich sehr wenig bei dieser Lage des Ganzen in Betracht. Ich habe den besten Willen, zu wirken wo ich kann, ich bin aber nicht dazu gemacht, mir Anhang und Zutrauen durch persönliche Bearbeitung zu verschaffen. — Ohne daß ich es vorher wußte, avancirte mich der König, und übertrug mir die Reorganisation mit einer sehr heterogen zusammen gesetzten Commission. — Freunde habe ich mir nicht zu machen gesucht, und wenn es möglich ist, so wird man mich bei so heterogenen Ansichten, so wenigen persönlichen Rücksichten, vom Könige zu entfernen suchen, obgleich dieser mir sehr gnädig ist, und mich bisher mit unverdientem Zutrauen behandelte. Eine ruhige, ehrenvolle Existenz steht noch diesen Augenblick mir anderwärts offen [1]). — Aber Gefühle der Liebe und Dankbarkeit gegen den König, eine unbeschreibliche Anhänglichkeit an das Schicksal des Staats und der Nation und Abneigung gegen die ewige Umformung von Verhältnissen, hält mich bis jetzt davon ab, und wird es thun, so lange ich glaube, hier nur entfernt nützlich seyn zu können.

Obgleich es mit unserer Zukunft mißlich steht, so haben wir doch auf eine innere Regeneration des Militairs, in Hinsicht sowohl auf die Formation, das Avancement, die Uebung als auch insbesondere auf den Geist hingearbeitet; der König hat ohne alle Vorurtheile hier nicht allein sich willig gezeigt, sondern uns sehr viele den Geist und den neuen Verhältnissen angemessene Ideen selbst gegeben. — Folgt der König dem neuen Entwurfe, den er zum Theil schon sanctionirt hat, erschwert das Vorurtheil nicht die Ausführung, wird nicht der Hauptzweck durch Abänderungen, durch schlechte Executors verfehlt: so wird das neue Militair, so klein und unbedeutend es auch seyn mag, in einem andern Geiste sich seiner Bestimmung nähern und mit den Bürgern des Staats in ein näheres und innigeres Bündniß treten.

---

[1]) In England.

Die niedrige Krittelei unserer Schriftsteller stellt unseren Egoismus, unsere Eitelkeit, und die niedere Stufe der Gefühle und der Denkungsart, welche bei uns herrschen, am vollkommensten dar. — Ich habe nichts geschrieben, als eine Relation des Rückzugs des Blücherschen Corps von dem General von Blücher, einen Bericht der Schlacht bei Jena und Auerstädt (übersichtlich) in der Königsberger Zeitung, und die Relation der Schlacht bei Eilau, die Sie gelesen. Ich werde aber die Schlacht bei Jena beschreiben und den Herzog von Braunschweig zwar nicht vertheidigen, aber doch den Gesichtspunct, aus dem er handelte, darstellen, denn so unentschlossen und charakterlos er war, so fehlte es ihm doch nicht an militairischer Beurtheilung. — Nie werde ich mich aber auf Widerlegungen einlassen, und zu dem Pöbel der Gelehrten mich gesellen.

Sie, mein innigster Freund, müssen jetzt die neue Formation abwarten, kommt sie zu Stande, so findet sich für Sie auf mehr als eine Art eine Stelle. Kommt sie nicht zu Stande, so finden Talente, und Kraft sie anzuwenden, immer ihr Unterkommen.

So mein lieber Clausewitz denkt Ihr Freund über unsere jetzigen Verhältnisse. Er wird nie aufhören, Sie zu lieben, welche Veränderungen, welche Schicksale uns alle auch treffen mögen.

Scharnhorst.

Sollten Sie meinen Freund Stützer sehn, so grüßen Sie ihn, und sagen ihm, daß ich ihm bald schreiben würde.

2.

Memel, den 1. Decbr. 1807.

Vor 5 Tagen habe ich Ihr mir unschätzbares Schreiben erhalten und sogleich beantwortet, mein lieber Clausewitz, habe aber bisher vergebens auf den Abgang des Couriers gewartet. Ich schreibe daher jetzt nur einige Zeilen, um Ihnen für Ihr Andenken, für Ihre Freundschaft und Liebe zu danken. — Meine Briefe haben Sie nicht erhalten, Sie haben nicht viel daran verloren;

ich will sie Ihnen jetzt ersetzen. Der an Sie fertig liegende Brief enthält zwei volle Bogen. Es macht mir unbeschreibliche Freude, wenn ich einen Augenblick Zeit habe, meinem Herzen freien Lauf gegen einen Freund lassen zu können, der mich versteht, der meine Gefühle nicht mißdeutet. — Eben erhalte ich einen Brief von Stützer, sagen Sie ihm, daß ich vor dem Abgange des Couriers noch hoffe, ihm schreiben zu können. Was gäbe ich darum, wenn wir alle Woche nur einen Abend zusammen seyn könnten! — Mein Umgang ist hier auf den Oberstlieutenant von Gneisenau, den Vertheidiger Colbergs, einen vorurtheilsfreien Mann, den Major von Grollmann und Schöler den älteren eingeschränkt.

Ich habe durch den Courier auch an Ihren Prinzen geschrieben, und habe ihm und unserem Vaterlande Glück zu seiner Rückkehr gewünscht. Wir alle setzen hier viel Vertrauen auf ihn, und ich gehöre zu seinen wärmsten und innigsten Verehrern. Der Prinz Wilhelm ist bei dem Lestocqschen Corps von uns, als ein guter Soldat und liebenswürdiger Prinz, abgöttisch verehrt.

Wenn man allzuviel zu sagen hat, da weiß man nichts zu sagen, so geht es mir in diesem Augenblick der Eile, in der ich diesen Brief abschicken muß.

Nur noch dies: in dem Brief, den Sie durch den Courier erhalten werden, sind Ihre Briefe beantwortet.

Erhalten Sie mir Ihre Freundschaft und seyn Sie versichert, daß ich mit dankbarer Liebe und Verehrung Ihr innigster Freund ewig seyn werde.

Scharnhorst.

Ihr Bruder vom Regiment Courbière ist ein braver Mann und hat viele Reputation.

3.

Breslau, den 21. März 1813.

Mein lieber Clausewitz, ich kann Ihnen nur ein Paar Worte schreiben; ich schmeichle mich mit der Hoffnung, bald mit Ihnen wieder vereint zu seyn. — Ich habe nie Ihren großen Werth verkannt, gefühlt habe ich ihn aber erst in dieser Zeit, wo ich viel zu thun hatte; nur mit Ihnen verstehe ich mich, nur unsere Ideen vereinigen sich, oder gehen in ruhiger Gemeinschaft neben einander in unveränderter Richtung.

Ich denke in einigen Tagen von hier abzugehen, und von Blücher auch zum Grafen Wittgenstein, um von ihm zu erfahren, wie die Sache in der Zukunft getrieben werden soll; der General Blücher hat mir einen Brief an den Grafen von Wittgenstein gegeben, in dem er sich den Befehlen des Grafen unbedingt unterwirft.

Ihr Freund Scharnhorst.

Sagen Sie, was ich hier geschrieben, vorläufig dem Grafen, wenn Sie es gut finden.

Zweite Beilage.

Erinnerung an den General Clausewitz und sein Verhältniß zu Scharnhorst.

Die beiden obigen Aufsätze haben sich in dem Nachlasse des am 16. November 1831 zu Breslau verstorbenen General-Majors Karl von Clausewitz gefunden, und man hat geglaubt, dem Sinne des Verstorbenen gemäß zu handeln, wenn man dieses seinem theueren Freunde und Lehrer gewidmete, wenn auch unvollständige Denkmal seinen übrigen zur Bekanntmachung bestimmten Schriften vorangehn ließe.

Es sey uns erlaubt, das schöne, durch seine Innigkeit wahrhaft rührende Verhältniß, das zwischen Beiden bestand, so wie die Art der Entstehung desselben mit einigen Worten zu bezeichnen.

Karl von Clausewitz war im Jahr 1792, noch nicht zwölf Jahre alt, als Fähndrich in das Regiment Prinz Ferdinand getreten, und war mit demselben im Jahre 1793 nach dem Rhein marschirt, wo er bei der Belagerung von Mainz mit 13 Jahren Offizier wurde. Wie nachtheilig dieser frühe Eintritt in den Militairdienst auf seine wissenschaftliche Ausbildung wirken mußte, ist leicht zu ermessen. Nach dem Frieden in seine Garnison Rup-pin zurückgekehrt, war er zwar unabläffig bemüht, das Verlorne wieder einzuholen, hatte aber dabei wegen seiner geringen Hülfs-mittel, mit großen Schwierigkeiten zu kämpfen. Sein Vater, welcher als Lieutenant im Regiment Naffau-Ufingen den sieben-jährigen Krieg mitgemacht hatte, und später einen kleinen Civil-poften im Magdeburgischen bekleidete, hatte nie mehr als 300 Thaler Gehalt und sechs Kinder zu erziehen. Als Karl von Claufewitz heranwuchs, waren alle Hülfsmittel erschöpft, und der Vater hatte den Schmerz, ihm auch nicht die geringfte Zu-lage geben zu können. In dieser beschränkten Lage mußte es ihm, trotz seines eifrigen Strebens nach innerer Ausbildung, sehr schwer werden, seine Kenntniffe zu vermehren, und ein längerer Aufenthalt in der Hauptftadt zu diesem Zweck mußte faft als etwas Unerreichbares erscheinen. Dennoch konnte er dem Wun-sche nicht widerstehn, die im Jahre 1801 von dem damali-gen Oberftlieutenant Scharnhorft erweiterte und neu geftaltete Kriegsschule zu besuchen; er erhielt die erbetene Erlaubniß dazu, und trat muthig allen Opfern entgegen, die für ihn mit diesem Entschluffe verbunden seyn mußten.

Die pecuniären Schwierigkeiten waren hierbei nicht die ein-zigen, mit denen er zu kämpfen hatte; es wurde ihm anfänglich sehr schwer, den Vorlesungen zu folgen, weil es ihm an den nö-thigen Vorkenntniffen dazu fehlte. Er war der Verzweiflung nahe, und hätte vielleicht das mühevolle Unternehmen aufgegeben, wenn nicht Scharnhorft, der früh auf ihn aufmerksam gewor-den war, obgleich er ihm auf keine Art bekannt oder empfohlen war, ihn mit der ihm so eigenen Güte und Milde ermuntert und zugleich durch seinen lichtvollen Unterricht alle Keime seiner geistigen Anlagen dennoch schnell erweckt und entwickelt hätte.

Die Folge davon war, daß am Ende des dritten Cursus, Karl von Clausewitz beim Examen der Erste war, und sich in eben so hohem Grade die Zufriedenheit und das Wohlwollen seines väterlichen Lehrers erworben hatte, als sein Herz für diesen mit wahrhaft enthusiastischer Liebe und Dankbarkeit erfüllt worden war. Er pflegte ihn den Vater seines Geistes zu nennen. Scharnhorst dagegen hat später oft geäußert, daß außer seinen Kindern kein Mensch auf Erden ihm so nah gestanden habe, und daß er von keinem so verstanden worden sey, als von diesem dankbaren Schüler. Mit welcher Freundschaft, mit welchem Vertrauen er ihn, trotz der Verschiedenheit ihres Alters und ihres Ranges, beehrte, werden die Briefe bewiesen haben, die den beiden Aufsätzen beigefügt sind.

Auf Scharnhorst's Empfehlung wurde Karl von Clausewitz im Frühjahr 1803 Adjutant bei Seiner Königlichen Hoheit dem Prinzen August von Preußen, und blieb es bis ins Frühjahr 1809, wo der Prinz an die Spitze der Artillerie trat, und Clausewitz bei dem General von Scharnhorst, als Chef seines Bureau's, angestellt wurde. Diese Vereinigung mit dem theuersten Freunde, die bis zum Frühjahr 1812, also während der ganzen Zeit von Scharnhorst's wichtigster Wirksamkeit dauerte, war das höchste Ziel seiner Wünsche gewesen, und würde ihn unendlich beglückt haben, wenn nicht die Lage des Vaterlandes damals jedes Glück des Einzelnen getrübt, und den beiden Freunden insbesondere so viel schwere und sorgenvolle Stunden verursacht hätte. — Clausewitz hatte jedoch den Trost, seinem verehrten General während dieser Zeit wahrhaft nützlich zu seyn, und ihm wenigstens einen Theil der Dankbarkeit beweisen zu können, die er für ihn empfand, nicht allein durch die Einsicht, den Eifer und die Treue, mit denen er ihm in den Geschäften beistand, sondern auch dadurch, daß sie einander fast ohne Worte verstanden. Scharnhorst war im Jahr 1809 in Königsberg am Nervenfieber lebensgefährlich krank gewesen, und noch sehr angegriffen davon mit

dem Könige nach Berlin zurückgekehrt; hier unterlag er oft beinahe der Last der Geschäfte, und es war daher um so wohlthä-
tiger für ihn, daß (nach seinem eigenen Ausdruck) die Vorträge,
welche Clausewitz bei ihm hatte, zu wahren Erholungsstunden
für ihn wurden, durch die Art, wie dieser seine Entscheidungen
oft aus einer bloßen Miene, aus einer bloßen Bewegung des
Kopfes oder der Hand errieth und immer genau in die seiner
Absicht entsprechenden Worte zu kleiden wußte.

Die im Jahre 1812 mit Frankreich abgeschlossene Allianz
machte diesem schönen Verhältniß ein Ende, indem Scharnhorst
sich nach Schlesien zurückzog, Clausewitz aber, der sich nicht entschließen konnte, auf irgend eine Weise zu den Siegen der Franzosen mitzuwirken, seinen Abschied nahm, um in russische Dienste
zu gehn. Er konnte sich bei der Lage des preußischen Staats
keine förmliche Erlaubniß zu dem neuen Dienstverhältnisse erbitten, allein er hoffte, daß das edle Herz des Königs das seinige
nicht mißverstehn, und auch in diesem gewagten Schritt nur einen neuen Beweis seiner Treue sehen würde. Er war so glücklich, im März 1813 mit der Wittgensteinschen Armee in Berlin
einzuziehn, und dadurch die Hoffnung, die ihn bei seinem Eintritt
in den russischen Dienst belebt hatte, auf das glänzendste gerechtfertigt zu sehn.

Bei der Eröffnung des Feldzugs schickte ihn der Kaiser
Alexander in das preußische Hauptquartier, wo er bis gegen das
Ende des Waffenstillstandes blieb. Hier wurde ihm das unaus-
sprechliche Glück zu Theil, wieder mit Scharnhorst vereinigt zu
seyn, und mit dem „dritten im schönen Bunde" dem General
und nachmaligen Feldmarschall Grafen von Gneisenau, mit welchem ihn, fast von dem Augenblicke ihrer Bekanntschaft im Jahr
1808 an, eine eben so innige und treue Freundschaft verband,
wie mit Scharnhorst. — Seine Empfindungen über dieses Glück
so wie seinen tiefen Schmerz über Scharnhorst's Tod mögen
seine eignen Worte ausdrücken:

den 4. April 1813.

„Daß ich wohl bin und jetzt glückliche Tage verlebe, ist die Hauptsache von dem, was ich Dir zu berichten habe, und ich glaube, Dir auch das liebste. Mit einer allerliebsten (kleinen) Armee, an deren Spitze meine Freunde stehen, durch ein herrliches Land zu ziehen, für einen solchen Zweck, in der schönsten Jahreszeit, ist so ziemlich das Ideal einer irdischen Existenz (nehmlich als vorübergehend und zu andern Existenzen führend gedacht). Mein Freund Gneisenau repräsentirt wie ein Gott in seiner Generals-Uniform, die Truppen sind heiter, und singen: Auf, auf Cameraden, und ähnliche Lieder, andere jodeln in einer seltenen Perfection: ich selbst sehe mich umgeben von Bekannten und lebe in dem Element meiner Muttersprache neu auf. Selbst Schüler von mir wieder zu finden, hat mir nie so viel Vergnügen gemacht. General Scharnhorst wird diesen Abend erwartet, ich freue mich unendlich, ihn wieder zu sehn."

Rochlitz bei Leipzig, den 9. April 1813.

„Ich bin sehr heiter, der Augenblick ist ja fast idealisch schön. Blücher, Scharnhorst und Gneisenau behandeln mich alle mit ausgezeichneter Güte und Freundschaft; ich kann mir kein schöneres Verhältniß denken. Diese Einigkeit, dieses gegenseitige Vertrauen, diese wechselseitige Achtung und Freundschaft wird man in der Welt lange vergeblich suchen.

Ueber Dörnbergs Heldenthat habe ich mich unaussprechlich gefreut, und wenn mein hiesiges Verhältniß nicht so schön wäre, so würde ich es beweinen, ihm nicht haben folgen zu können, und so einen kleinen Antheil an dieser ersten schönen Begebenheit des neuen Feldzugs zu haben, die wie eine glückliche Vorbedeutung der Wiedergeburt Deutschlands ist."

Rötha bei Leipzig, den 1. Mai 1813.

„Wir sind wahrscheinlich am Vorabend einer großen Schlacht, und wiewohl wir dies seit mehreren Tagen vergeblich geglaubt haben, so wird es doch mit jedem Tage wahrscheinlicher. Halte nur den Muth Deiner Freunde aufrecht, wenn das Schicksal wollte, daß wir sie verlieren sollten, denn es ist damit eigentlich wenig verloren, und für den Erfolg in einer Schlacht kann kein Sterblicher einstehen. Standhaftigkeit und Beharrlichkeit im Unglück sind viel schönere Eigenschaften der Seele, als jede Art von Enthusiasmus. Das sollten sich alle Männer wenigstens sagen."

Colditz, den 4. Mai.

"Ich bin ganz wohl, obgleich mir ein kleiner Franzose mit dem Bajonett hinter dem rechten Ohr gesessen hat. Man hat sich wüthend geschlagen; nie bin ich so mitten unter dem Feind gewesen. General Blücher hat eine Contusion, General Scharnhorst einen Schuß ins Bein, doch nicht gefährlich, er ist aber zurück. — Vom Garde-Füsilier-Bataillon sind nur zwei Offiziere nicht todt oder blessirt; Karl Röder und Fabian Dohna sind blessirt, Prinz Leopold todt, viele andere nähere Bekannte, die ich nicht alle nennen kann.

Jetzt kommt es darauf an, den Muth nicht zu verlieren. Bis jetzt hat uns der Feind wenig verfolgt."

Proschwitz bei Meissen, den 8. Mai 1813.

"Scharnhorst führte hauptsächlich das Gefecht auf dem rechten Flügel gegen die drei Dörfer. Er war mehrere Male mit gezogenem Säbel an der Spitze der Cavallerie und Infanterie in den Feind eingedrungen; er feuerte die Leute an und rief: es lebe der König! indem er den Säbel schwang. Seine Wunde, die er etwa gegen 7 Uhr erhielt, ist nicht gefährlich, so daß er schon jetzt eine Reise nach Wien unternehmen kann. Gneisenau befand sich auf dem linken Flügel und hat an der Spitze der Cavallerie mit eingehauen. Daß der alte Blücher auch sehr brav gewesen ist, kannst Du Dir wohl denken. Wahrhaft auszeichnen konnte sich Niemand. Ich bin mit dem Säbel in der Faust mitten in einem feindlichen Bataillon gewesen; das würde in anderen Fällen für einen Generalstabs-Offizier eine Auszeichnung gewesen seyn; hier haben Alle das, oder etwas ähnliches gethan. Grollmann unter andern hat einen Bajonettstich im Kopf. Unsere Truppen sind unstreitig viel braver als die feindlichen, das siehst Du aus diesen Beispielen, die nicht auszeichnen."

Ich bin bei Gneisenau. Scharnhorst vermissen wir alle sehr; er hat sehr in dem Vertrauen der Armee gewonnen, und alle Menschen sehn auf ihn, als die Seele des Ganzen."

Peilau, den 30. Juni 1813.

„Die letzte Nachricht von Scharnhorst war, daß er im Verscheiden sey. Du wirst also schon die Gewißheit seines Todes haben. Du kannst denken, wie traurig ich bin. Ob er gleich für die Armee, für den Staat und für Europa unersetzlich ist, so kann ich doch an alles dies kaum denken, und ich verliere in diesem Augenblicke nur den theuersten Freund meines Lebens, den mir nie ein anderer ersetzen kann, der mir immer fehlen wird. Ich kann nicht beschreiben, wie tief ich mich von Rührung und Wehmuth und Trauer ergriffen fühle. Es ist ihm gewiß schwer geworden, von der Welt zu scheiden, denn es ist ihm so manche Lieblings-Idee unerfüllt zurückgeblieben, und das ist es, was mich so wehmüthig macht. Ob ich gleich kaum wünschen kann, bei seinem Ende gegenwärtig gewesen zu seyn, weil es mich zu sehr ergriffen haben würde, so thut es mir doch leid, nicht mit unter denen zu seyn, die ihm die letzte Ehre und Anhänglichkeit erwiesen haben, denn von Tausenden, die ihm Dank und Liebe schuldig waren, giebt es keinen Schuldner wie mich. Außer Dir hat es nie einen Menschen gegeben, der mir so viel Wohlwollen bewiesen hatte, und der auf das ganze Glück meines Lebens einen solchen Einfluß gehabt hätte.

*   *   *

Es bleibt uns nun noch übrig, einige Worte über die Auf=
sätze zu sagen, denen diese Zeilen zur Begleitung dienen sollen.
Die Charakteristik wurde bald nach Scharnhorst's Tode geschrieben,
und entstand aus dem Bedürfniß, sich mit dem geliebten Andenken zu
beschäftigen und auch für Andere ein treues Bild von den selte=
nen Eigenschaften zu entwerfen, womit Gott diese große Seele
begabt hatte. Der Aufsatz wurde jedoch nur den Kindern des
Verstorbenen und einigen vertrauten Freunden mitgetheilt.

Die Notiz über das Leben von Scharnhorst wurde einige Jahre
später, auf den Wunsch einer gemeinschaftlichen Freundin geschrieben,
die bei einem Aufenthalt in England bemerkt zu haben glaubte, daß die
großen Verdienste und die bedeutende Wirksamkeit des General
Scharnhorst dort nicht in dem Grade gekannt waren, wie sie es
verdienten. Der Herausgeber eines vielgelesenen Journals hatte
ihr angeboten, einen Aufsatz über diesen Gegenstand übersetzen zu
lassen und in sein Journal einzurücken, wenn er ihm aus guter
Quelle verschafft würde, und sie glaubte wohl mit Recht, keine
würdigere Feder hierzu finden zu können, als die des vertrauten
Freundes des großen Verstorbenen. So entstand dieser Aufsatz,
dem man die Art seines Entstehens wohl genugsam anmerken
wird. Er konnte seiner Bestimmung nach den Gegenstand nicht
erschöpfen; auch mußte derselbe für englische Leser ganz anders
behandelt werden, als es für deutsche der Fall gewesen wäre; aber
sollten die Letzteren auch nur längst Bekanntes darin finden, so dür=
fen wir dennoch hoffen, daß er für Viele keine unwillkommene
Mittheilung seyn wird, sey es auch nur als Erinnerung an einen
großen Mann, an große, für das Vaterland so wichtige und so
glückliche Begebenheiten.

Wäre der Verfasser dieser Aufsätze nicht so früh der Welt
entrissen worden, so wäre er höchst wahrscheinlich später noch
einmal auf diesen, seinem Herzen so theueren Gegenstand zurück=
gekommen und hätte ihn ausführlicher behandelt. Gewiß hätte

er auch seinem zweiten großen Freunde ein ähnliches Denkmal
gesetzt. Wir beklagen es sehr, nichts dieser Art in den zurück-
gelassenen Papieren gefunden zu haben; es erklärt sich daraus, daß
er demselben schon nach drei Monaten ins Grab folgte. Das beste
Denkmal seiner Liebe hat er ihm aber wohl eben dadurch gesetzt,
daß er ihn nicht überleben konnte, denn es ist eine durch das
Zeugniß der Aerzte bestätigte Thatsache, daß sein Tod viel mehr
durch den in Folge dieses großen Schmerzes tief erschütterten
Zustand seiner Nerven, als durch die Cholera veranlaßt wurde,
von der er eigentlich nur einen leichten Anfall gehabt hatte. Daß
der um 20 Jahre jüngere Freund den Schmerz ertragen mußte,
den älteren zu beweinen, lag in dem gewöhnlichen Gange der
Natur; daß er ihn aber nur drei Monate überlebte, und gerade
in dem Augenblicke starb, wo er vielleicht hoffen durfte, dem Vaterlande größere Dienste als bisher zu leisten, darf wohl ein har-
tes Schicksal genannt werden; indem Derjenige, den solche Männer mit einem so hohen Grade von Vertrauen, von Hochachtung
und Freundschaft beehrten, es auch werth seyn mußte, der Erbe
ihres Ruhms und der Fortsetzer ihrer Werke zu werden. Gott
hat es anders gewollt, es wurde ihm nicht vergönnt, der Welt
zu zeigen, was er war, und so gewinnt denn das innige Verhältniß, in welchem er zu Scharnhorst und Gneisenau stand, so wie
die Liebe, die Hochachtung, das Vertrauen so viel edler und ausgezeichneter Menschen, die er in einem seltenen Grade besaß, einen
um so größeren Werth, da sie das einzige Glück, der einzige Lohn
waren, die ihm auf dieser Erde zu Theil geworden sind. Es war
dennoch ein reicher Lohn, wie Schiller sagt:

> „denn wer den Besten seiner Zeit genug
> gethan, der hat gelebt für alle Zeiten."

Tritt uns aber das Bild der drei nun in einem bessern Da-
seyn wieder mit einander vereinigten Freunde lebhaft vor die
Seele, so wie das so mancher treuen Gefährten ihres Tagewerks,

die auch schon diese Welt verlassen haben, und will uns tiefe
Wehmuth über so viele Verluste übermannen, so finden wir auch
wieder Trost in dem Gedanken an ihre Vereinigung und in der
Ueberzeugung, daß sie auch auf Erden noch fortleben werden,
durch den segensreichen Einfluß dessen, was sie thaten und was
sie waren.

Das Leben

des

königlich preußischen Staatsministers

Friederich Ferdinand Alexander

Reichs-Burggrafen und Grafen zu

Dohna-Schlobitten,

General-Landschafts-Director von Ostpreußen, Ritter des großen rothen
Adler-Ordens und des eisernen Kreuzes,

dargestellt

von

Johannes Voigt.

Leipzig:

F. A. Brockhaus.

1833.

Wer den Mann erkennen will in seinem Wesen und Wal=
ten, muß schon dem Kinde forschend nachgehen; und dennoch
bleibt es nicht selten eine in ihrem Entwickelungsgange uner=
forschliche Erscheinung, wie aus dem Kinde gerade dieser
Mann in seiner geistigen Natur und Eigenthümlichkeit gewor=
den ist und warum kein anderer. Der Biograph mag sich
Mühe geben, die Einflüsse der Umgebung zu entdecken und
den Verhältnissen des Lebens nachzuspüren, die bald wie lei=
tende Sterne auf sanften Bahnen das Leben des Einzelnen
nach dieser oder jener Richtung geführt, bald wie electri=
sche Schläge auf das innere Wesen des Kindes oder des
Jünglings eingewirkt, es in seiner Entwickelung so oder an=
ders bestimmt und innere schlafende Keime aufgeweckt, em=
porgezogen und genährt haben; es kann solches Forschen und
Aufmerken auf die Erscheinungen der Außenwelt in ihren
Einflüssen und Wirkungen auf die Richtungen der geistigen
und Gemüthswelt des einzelnen Menschen in mancher Bezie=
hung Aufschluß bringen. Aber eine vollkommene Lösung kann
das Räthsel, wie aus jenem Kinde dieser Jüngling und aus
jenem Jünglinge dieser Mann in seiner geistigen Erscheinung
geworden ist, auf solchem Wege nimmer finden, so sorgsam
und umsichtig man ihn immerhin verfolgen und beachten mag.
Begreift es der Einzelne doch selbst meist nicht in voller Klar=
heit, warum sein eigenthümliches Wesen und seine innere geistige

Welt gerade diese Richtung und Gestaltung genommen hat und keine andere, wie viel weniger der fremde Betrachter seines Wesens. Ihr sehet zwei Bäume aus demselben Boden ihre ersten Keime emportreiben, ihren Nahrungssaft zum Wachsthum aus derselben Erde gewinnen, von derselben Luft umfangen, von derselben Sonne erquickt und von der nämlichen Hand gleich sorgsam gepflegt, und dennoch zeigt euch der eine diese, der andere jene Frucht, und neben ihnen steht der Strauch ohne Frucht und Schönheit. Ihr gebt euch zwar die Antwort: das ist die Verschiedenheit der Art; allein ihr habt das Räthsel damit nicht gelöst, ihr habt es nur zurückgestellt. Wenn aber dieses stille Leben der Natur voll solcher Geheimnisse ist; wie viel mehr bietet sie der Mensch in seiner Entwickelung dar, in dem ersten Erwachen und Auftauchen des Geistes im Menschen aus thierischer Bewußtlosigkeit, in seinen Richtungen und Schwingungen, seiner sich hiehin oder dorthin neigenden Entfaltung bis zu dem Punkte hin, auf welchem eine Selbstbestimmung seines Wollens und Wirkens hervortritt. -

Es ist gewiß, daß vieles aus der Außenwelt auf die innere Welt des Individuums übergeht, von seinem Geiste gleichsam angezogen sich ihm einpflanzet, dort in eigner Richtung sich gestaltet und Früchte trägt. Aber es ist eben so gewiß, daß unendlich vieles andere, was ihn täglich umfängt und fast mit Gewalt sich ihm aufdrängt, ihm dennoch fremd bleibt, von ihm abgestoßen ohne Wirkung und Einfluß auf sein Wesen vorübergeht und es unberührt läßt; und nicht selten sind es gerade die nämlichen Erscheinungen, welche vom Geiste eines andern Individuums aufgefaßt und beschaut auf dessen Entwickelung und Richtung den mächtigsten Einfluß üben und in eben dem Maaße, als sie für die eine Seele wirkungslos und ohne Eindruck vorübergingen, die andere mit aller Gewalt ergreifen und ihre Richtung bestimmen und bedingen. Wo ist der Grund dieser Erscheinung zu suchen? Es scheinen jeder menschlichen Seele schon von ihrer Geburt an, wenn man so sagen darf, gewisse schlafende Urkräfte, ein bestimmter Urtypus ihres Wesens inzuwohnen, der als besonderer Grundtypus (oder wie es der Philosoph nennen mag), weil er in seiner Besonderheit und in seinem eigenthümlichen Wesen die ersten Bedingungen aller künftigen Entwickelung enthält, zugleich die Grundkraft und Grundursache der Eigenthümlichkeit einer Seele in sich faßt. In ihm ruhen ursprünglich wie im Schlafe die geistigen Urkeime ihrer eigenthümlichen Richtung, bis sie zuerst geweckt werden durch die Einwirkungen und Umgebungen des Familienlebens und dann weiter ent-

wickelt und ausgebildet durch die Erscheinungen und Ereig=
nisse, welche das gesammte Universum in der manchfaltigsten
Art der Seele entgegenbringt. Sobald nun aber die Selbst=
entwickelung beginnt und vorwärts schreitet, scheint sich eine
Art von Wahlverwandtschaft zwischen den eigenthümlichen Ur=
kräften der Seele und den einzelnen Erscheinungen der Außen=
welt geltend zu machen. Von den tausendfältigen Dingen, die
das Leben ihr zubringt, fühlt sie sich durch dieses angezogen,
von jenem dagegen zurückgestoßen; aus der einen Erscheinung
gewinnt sie für sich selbst fördernde Bildungskraft, von der
andern bleibt sie unberührt; hier zeigt sie Empfänglichkeit und
williges Aufnehmen der Einwirkungen einzelner Erscheinungen
der Welt, dort dagegen Widerwillen und Widerstreben gegen
die Einflüsse anderer Erscheinungen. Darin eben liegt die
Bildungskraft des Lebens und der Geschichte für den Geist
des Einzelnen; darum ist es zur Entwickelung und Fortbil=
dung der jugendlichen Seele so nothwendig, ihr die möglichst
zahlreichen und verschiedenartigsten Erscheinungen des Lebens
und der Außenwelt fort und fort nahe zu bringen, um aus
ihren Einflüssen und Wirkungen stets neue Bildungskraft ge=
winnen zu können.

Mögen diese wenigen Sätze hinreichen, um zunächst auf
den Lebens= und Bildungsgang des edeln Mannes einiges
Licht zu werfen, welcher der Gegenstand dieser biographischen
Abfassung sein soll; denn wir werden sie in seinem Leben
vielfach bewährt finden.

Friederich Ferdinand Alexander Burggraf und
Graf zu Dohna ward am 29. März des Jahres 1771 auf
dem Schlosse Finkenstein in Preußen geboren. Sein Vater,
Friederich Alexander Burggraf und Graf zu Dohna auf Schlo=
bitten, vermählt mit Caroline geborener Gräfin von Finken=
stein aus dem Hause Finkenstein, hatte seine kräftigste Jugend=
zeit im Dienste des Vaterlandes zugebracht, im siebenjährigen
Kriege mitgefochten und war in den letzten Jahren dieses
Krieges als Generaladjutant bei dem Herzoge Ferdinand von
Braunschweig, der damals als preußischer General das alliirte
Heer befehligte, angestellt gewesen. Zwar hatte er bald nach
hergestelltem Frieden, weil er sich nicht genug befördert glaubte,
den Kriegerstand aufgegeben, um die Verwaltung der ihm
durch väterliche Erbschaft zugefallenen Güter zu übernehmen,
und war, vom Könige in den Jahren 1801—1802 zum
Obermarschall von Preußen ernannt und nachmals im Jahre
1808 mit dem schwarzen Adlerorden ausgezeichnet, dem Be=
rufe des stillern Landlebens bis an das Ende seines Lebens

treu geblieben; allein wie es keinen gab, der unter des großen Friederichs Fahnen gefochten, dessen Seele nicht für das ganze Leben voll war von vaterländischem Kriegsruhme und von Verehrung des großen Königs, so ging auch bei ihm fast kein Tag vorüber, an welchem sich nicht Anklänge an die früheren Kriegszeiten und Erinnerungen an den großen König wiederholten. Auf den Geist des jungen Grafen Dohna hatte dieses den mächtigsten Einfluß; seine Seele wurde erweckt für vaterländische Gesinnung durch das Bild des Vaters und die oft wiederholten Berichte, was der Krieger in jenem siebenjährigen Kampfe trotz allen Mühen des Feldlagers an Kraft und Muth dem Könige und dem Vaterlande willig und gerne dargebracht. Viele Jahre hindurch herrschte daher in der Seele des jungen Grafen eine entschiedene Neigung zum Kriegerstande vor, denn in diesem war ihm das erste Bild eines verdienten Staatsbürgers erschienen. Wie so der Vater den Geist des Sohnes zuerst für das öffentliche Leben erweckt, so wirkte der Mutter frommes und tugendhaftes Leben, ihr sorgfältig geregeltes und kluges Benehmen auf das Gemüth desselben ein. Die Grundzüge seines Charakters, Feinheit des Gefühls, Tiefe der Empfindung und wahrhafte Religiosität fanden in den Einwirkungen der Mutter ihre erste Entwickelung. Die Außenwelt berührte den Knaben anfangs nur wenig. Die Erziehung während der Kinder- und Jünglingsjahre fand in ländlicher Einsamkeit auf dem Schlosse Schlobitten statt. Außer mehren Lehrern hatte vorzüglich einer, Namens Schirrmacher, ein Mann von freundlicher Gesinnung und lebendigem Geiste, dem Alexander Dohna während der letzten sechs Jahre seines Aufenthalts im älterlichen Hause anvertraut war, großen Einfluß auf seine erste Bildung, denn die Liebe, mit welcher der Lehrer den Zögling an sich zog, bahnte beiden den nicht selten schwiegen Weg des Unterrichts in den ersten Vorkenntnissen. Alexander Dohna genoß diesen Unterricht, der freilich mehr nur Gegenstände betraf, welche den höheren Ständen als nothwendig und wichtig erscheinen, und sich weniger auf ernstere Studien erstreckte, mit einer älteren Schwester und mehren im Alter ihm nahe stehenden Geschwistern. Die französische Sprache mußte natürlich fertig und vollständig erlernt und eine ansehnliche Zahl französischer Memoiren gelesen werden. Dagegen war von alten Sprachen kaum die Rede, eben so wenig von Mathematik. Der geschichtliche Unterricht erstreckte sich nach damaliger Art fast ganz nur auf Fürstengeschichte, ohne von der Wissenschaft im wahren und ernsten Sinne ein getreues Bild zu geben, wobei denn die Zöglinge viele Geschichten, aber wenig wahre Geschichte kennen lernten. Wie aber Dohna auch selbst bei diesem Unterrichte durch strengen Gehorsam und gewissenhafte Folgsamkeit gegen seine Ältern und Lehrer, so erwarb er sich durch sein freundliches und selbst oft aufopferndes Benehmen gegen seine Geschwister die allgemeinste Liebe.

Bald indessen gewann sein Geist eine bestimmtere Richtung; man bemerkte an ihm mehr und mehr eine zunehmende Neigung zu ernstern Studien und zur Einsamkeit. Es war nicht das Zeichen von Zerstreuung und Gedankenlosigkeit, wenn man ihn stundenlang ein Blatt weißes Papier in den verschiedensten Wendungen zwischen seinen Fingern bewegen sah; es war vielmehr jeder Zeit ein Beweis, daß sich sein Geist unabhängig vom Einflusse seiner Umgebungen mit einem Gedanken aufs lebendigste beschäftigte, und je mehr diese auf sich selbst gerichtete geistige Thätigkeit in ihm vorherrschend ward, um so mehr trat in seinem ganzen geistigen und gemüthlichen Wesen schon in seinen früheren Jahren eine eigenthümliche, selbständige Richtung hervor. Wie er als Knabe selten an den Spielen seiner Geschwister Theil nahm und lieber an einsamen Orten seine eigene Beschäftigung suchte, so noch im späteren Mannesalter, wo er gerne dem städtischen Getreibe sich entzog, um sich in den dunkelbeschatteten Gängen seines Gartens mit Gedanken über die Erscheinungen des Lebens zu beschäftigen; wie er als Jüngling sich selten zu lebhafter Mittheilung seiner Gedanken gedrungen fand, außer wenn es zur Vertheidigung einer nach seiner Überzeugung gerechten und guten Sache ihm nothwendig schien und der sonst so stille Jüngling dann auf eine eben so auffallend beredte, als oft sehr heftige Weise und ohne alle Rücksicht auf Alter und Ansehen der Person, deren ungerechte Äußerung oder Foderung es betraf, seine Meinung frei und gerade aussprach, so drängte er sich als Mann nie mit seinen Ansichten hervor und suchte nirgends zuerst seine Behauptung geltend zu machen; nur wenn es seine Überzeugung von Pflicht und Religion gebot, trat er selbst noch in späteren Jahren mit der rücksichtlosesten und kühnsten Gegenrede, bisweilen sogar mit scharfer Opposition gegen Personen hervor, die er innigst liebte und verehrte. Sein ganzes sonst mehr stilles, dann mit einemmal gänzlich umgewandeltes, aufgeregtes und lebendiges Wesen war ein Zeichen des innern Kampfes seiner Bescheidenheit und Demuth mit der Kraft und Tiefe seiner Überzeugung und seines Gefühls für das Wahre, Rechte und wahrhaft Gute. In wenigen Augenblicken trat dann in seiner ganzen Persönlichkeit ein völlig neues Bild hervor und statt der sonst ihm eigenen Ruhe des Charakters zeigte sich in Sprache und Miene ein Feuer und eine Lebendigkeit, wie man sie sonst kaum in ihm vermuthen durfte. Für den, welcher die Eigenthümlichkeit des edlen Mannes kennen lernen mochte, waren es immer die interessantesten Momente, wenn sich in solchen Augenblicken das ganze innere Wesen seines Geistes aufschloß und in rasch strömender Rede die Klarheit seiner Gedanken und die Reinheit und Tiefe seiner Gefühle und Empfindungen sich kund gab. Allein es hat auch nicht an solchen gefehlt, die diese sich immer mehr bei ihm ausbildende Eigenthümlichkeit in ihrem wahren Gehalte nicht auffassen konnten und sein eigenthümliches Wesen oft mißverstanden und unrichtig beurtheilten.

So hatte der Geist des jungen Grafen schon eine feste und bestimmte Richtung gewonnen, als er im Jahre 1786, da er sein funfzehntes Jahr beendigt, das väterliche Haus verlassend seine Ältern auf einer Reise durch einen Theil von Deutschland und Holland begleitete. Es ging ihm eine ganz neue Welt von Kenntnissen, Bildern und Ideen auf und das Leben trat ihm von einer ganz neuen Seite vor die Seele. Obgleich die frühere Neigung zum Kriegerstande bei ihm beständig, selbst bis in spätere Zeiten lebendig blieb, so wollte es Dohna'n doch nicht glücken, sich diesem Stande anzuschließen. Da Friederich II. überhaupt nicht gerne Grafen in seinem Heere sah, die Verwandtschaft mit der Familie Dohna durch den großen Kurfürsten ihn zu geniren schien und überdies verschiedene äußere Verhältnisse jetzt entgegenstanden, denen Dohna sich gerne fügte, so bestimmte er sich zum Studium des Kammeralfaches und bezog zu diesem Zwecke gegen Ende des genannten Jahres die Universität Frankfurt a. d. O., wo er bis zum Jahre 1788 verweilte, um seine wissenschaftliche und practische Vorbildung für den Staatsdienst aufs eifrigste bemüht. Hier trat ihm aber zuerst sein Mangel an classischer Bildung recht lebhaft vor die Seele. Er arbeitete mit außerordentlicher Anstrengung, um diesen Mangel zu ersetzen und es scheint, daß dieses rastlose Bemühen das Fundament gab zu seiner spätern unermüdlichen Thätigkeit. Von ungemein wichtigem Einflusse auf seine ganze geistige Entwickelung war in dieser Zeit die bald in innigere Freundschaft übergehende Bekanntschaft mit dem edlen Freiherrn von Humboldt und dem nachherigen Staatsrathe von Rediger. Das Beispiel dieser Freunde befeuerte seinen Geist täglich von neuem mit dem Streben nach Vervollkommnung seiner Kenntnisse und erfüllte ihn mit der von ihm stets treu bewahrten

und aufrichtigen Verehrung der Männer, die ihr Leben der
wissenschaftlichen Forschung weihen. Er hat ihn nie verloren,
diesen Durst und Drang nach wissenschaftlicher Sättigung,
denn auch in spätern Jahren noch im Strudel der großen
Welt und im stürmischen Geschäftsleben seiner wichtigen Staats-
ämter verweilte er in Stunden, in denen die Beseitigung vor-
übergehender weltlicher Verhältnisse einige Muße vergönnte,
am liebsten in den höhern Regionen des menschlichen Wissens
und Denkens, um hier für die Geschäfte des Tages Erfri-
schung des Geistes und für die Alltäglichkeit des Lebens in
religiösen Betrachtungen und Mittheilungen Stärkung des Ge-
müths zu suchen; und er fand sie, weil sein Geist jeder Zeit
empfänglich blieb für Erscheinungen und Einwirkungen aus
dem höhern Leben der Religion und Wissenschaft.

Nachdem er Frankfurt a. d. O. im Jahre 1788 verlassen, brachte er ein Jahr auf der Universität Göttingen zu,
von wo er sich im nächsten Jahre auf die Handlungsschule
nach Hamburg begab, welche damals eben unter der Leitung
von Büsch und Ebeling in ihrer schönsten Blüte stand. Mit
beiden berühmten Männern bald in freundschaftlichen Verhältnissen lebend und vielfach in ihren nähern Umgang gezogen
widmete sich Dohna jetzt vorzüglich dem Studium der Staats-
wirthschaft.

So herangereift durch eigenes Denken über die Erscheinungen des Lebens, gebildet durch den Umgang mit den ausgezeichnetsten Männern und vorbereitet für den Dienst des
Staats durch Fleiß und Ernst in seinen Studien ward Dohna
im Jahre 1790 als Referendarius bei der königl. Kurmärki-
schen Kriegs- und Domänen-Kammer zu Berlin angestellt.
Mit rastlosem Diensteifer und strenger Gewissenhaftigkeit be-
arbeitete er nicht allein die ihm übertragenen Berufsgeschäfte,
sondern benutzte auch jede Stunde der Muße, um durch fort-
gesetztes sorgfältiges Studium der Staatswissenschaften sich
für wichtigere Dienstverhältnisse zu vervollkommnen. Das ge-
räuschvolle Leben hatte für ihn nie einen Reiz gehabt; es
hatte ihn für seinen Geist auch in der Hauptstadt nicht und
nur selten besuchte er glänzende Gesellschaften und öffentliche
Lustbarkeiten; öfter dagegen fand man ihn in den Kreisen der
ausgezeichneten Gelehrten und der gebildetsten Geschäftsmän-
ner, an denen Berlin damals reich war. Theils durch die münd-
liche Belehrung, welche Dohna in diesen Kreisen auffaßte,
theils durch eigenes fleißiges Studium immer reicher geworden
im Schatze seiner Kenntnisse, bestand er am 26. December
1793 die gesetzliche große Prüfung vor der Oberexaminations-

commiſſion, welche Behörde in dem darüber ausgeſtellten Zeug=
niſſe beſonders die ſehr ausgebreitete Beleſenheit und die viel=
fache genaue Bekanntſchaft des Geprüften mit den verſchiede=
nen Fächern ſeiner Wiſſenſchaft rühmend hervorhob. In Folge
dieſer Prüfung ward Graf Dohna bald zum Aſſeſſor bei der
Kriegs= und Domänen=Kammer zu Berlin ernannt und erhielt
am 3. Mai 1794 bei dieſem Collegium eine Anſtellung als
Kriegs= und Domänen=Rath.

Vier Jahre gingen in dieſem Verhältniſſe hin. Es iſt
ein hinreichendes Zeugniß ſeiner Tüchtigkeit im Staatsdienſte,
daß er während dieſer Zeit noch in dieſem jugendlichen Man=
nesalter nicht nur ein bedeutendes Domänen=Departement ver=
waltete und zu verſchiedenen andern wichtigen Geſchäften ge=
zogen wurde, ſondern auch der damalige Staatsminiſter Frei=
herr von Voß ihn zu ſeinem Begleiter auf einer Bereiſung
der Provinz Südpreußen erwählte und ihm eine Zeitlang den
Vortrag im ſüdpreußiſchen Departement übertrug. Obgleich
er aber demnächſt auf ſeinen Poſten bei der Kriegs= und Do=
mänen=Kammer zurückkehrte, ſo nahm er doch fortwährend den
lebhafteſten Antheil an allen die Verwaltung von Südpreußen
betreffenden Angelegenheiten, blieb in täglicher freundſchaftlicher
Verbindung mit dem in dieſem Departement angeſtellten Ge=
heimen Finanzrathe von Schulz und wurde von Zeit zu Zeit
in den Verhältniſſen dieſes Departements zu Rathe gezogen,
denn man wußte, daß es nie bloß die Dienſtpflicht war, welche
ihn zur gewiſſenhaften Erfüllung ſeiner Obliegenheiten trieb, ſon=
dern daß er jeder Zeit das ganze Weſen und alle Verhält=
niſſe des Gegenſtandes, der ihm in ſeinem Amte vorlag, mit
dem lebendigſten Intereſſe und in allen Beziehungen aufzu=
faſſen bemüht war.

Je mehr damals in dem erſten männlichen Alter dem
Grafen Dohna eine dauerhafte blühende Geſundheit ein lan=
ges Leben verhieß und je mehr ſich in ſeinem ganzen Weſen
neben der Lebhaftigkeit ſeines Geiſtes eine beſondere Gutmü=
thigkeit der Geſinnung, Tiefe der Empfindungen und energi=
ſche Beweglichkeit ſeines Gemüthes ausprägte, um ſo ſicherer
ließ ſich für ihn ein hohes Glück in einer ehelichen Verbin=
dung erwarten, wenn er ſich zu dieſer entſchließen würde.
Ältern und Verwandte forderten ihn in dieſer Zeit mehrmals
dazu auf. Allein er konnte hierüber nie zum feſten Entſchluſſe
kommen. So auffallend indeſſen bei einem jungen Manne
von einem ſo durchaus reinen Charakter und einem ſo zarten
Gefühle für alles Edle und Schöne dieſe nicht nur damals,
ſondern auch noch ſpäterhin bewieſene Abneigung gegen den

Eheſtand im erſten Augenblicke ſeyn mag, ſo iſt ſie in ſeiner beſondern Eigenthümlichkeit doch wohl erklärbar. Er achtete das eheliche Verhältniß allerdings ſehr hoch und ſeine Freunde bemerkten hie und da, daß ihm Empfindungen für das andere Geſchlecht nicht fremd geblieben ſind. Allein Alles, was ihn perſönlich betraf, ſtellte er jeder Zeit in Schatten, um das Intereſſe ſeiner Freunde und Verwandten zuerſt zu berückſichtigen. Die Beſorgniß, dieſes letztere könne auch nur entfernt leiden, machte ihn bei jeder ſeinen Vortheil betreffenden Handlung ängſtlich und veranlaßte ihn, ſeine Entſchließungen hierüber oft lange Zeit auszuſetzen. Von nicht minder bedeutendem Einfluſſe für dieſe Verhältniſſe war aber auch der Umſtand, daß Graf Dohna ſchon überhaupt bei der Wahl ſeines Umganges mit äußerſter Vorſicht verfuhr. Er war keiner von den Alltagsmenſchen, die in dem Bekannten nach wenigen Tagen und einigen Geſprächen auch ſofort den Freund finden und in dem Freunde nichts weiter als den bloßen Bekannten ſuchen. Je höher er ſich aber das Ideal eines wahrhaften Freundes ſtellte, um ſo mehr ſtand ihm faſt unerreichbar das Ideal der weiblichen Vollkommenheit vor der Seele; nur mit einem Weſen von ſolcher Vollkommenheit glaubte er eine glückliche Verbindung ſchließen zu können; allein die Welt bot es ihm nicht oder wo ſie ihm in einem einzelnen Weſen ein ſolches Ideal zeigte, da machten äußere Verhältniſſe eine Verbindung unmöglich. Das Bild aber ſchien in ſeiner Seele zu bleiben und hielt ihn ab, ein anderes in ſich aufzunehmen. Er zog es daher damals ſchon vor, ſeinen Lebenspfad einſam zu durchwandern. So ſprach er ſich in jener Zeit auch ſelbſt gegen einen nahen Verwandten aus. Übrigens lebte er auch ſo ganz ſeinen Geſchäften und den Studien und die ſchon in ſeiner Kindheit bemerkte Neigung zur Einſamkeit und Stille war noch ſo vorherrſchend geblieben, daß er nur vorübergehend die Kreiſe der großen Welt betrat und es ihm ſomit auch ſelbſt an Gelegenheit gebrach, eine ſeinem Ideale einigermaßen entſprechende Wahl treffen zu können.

Sehr beglückt fand ſich Dohna im Jahre 1795 durch den Umſtand, daß ſein unmittelbar auf ihn folgender Bruder Wilhelm als Referendarius bei der Kriegs und DomänenKammer zu Berlin in den königl. Dinſt trat. Vier Jahre lang erfreute ſich dieſer der trefflichen Leitung ſeines Bruders; Beide wohnten beiſammen und arbeiteten bei demſelben Collegium. Im Jahre 1798 indeß fand eine neue wichtige Veränderung der Dienſtverhältniſſe des Grafen ſtatt, wodurch ſein Wirkungskreis erweitert und ſeine Thätigkeit auf vielfachere

Gegenstände als bisher gelenkt wurde; er warb als geheimer Kriegs= und Domänen=Rath beim neu=ostpreußischen Departement des königl. General=Directorii angestellt. Dieses Departement hatte damals den Staatsminister Freiherrn v. Schrötter zum Chef, einen Mann, der mit allem Eifer bemüht war, durch zweckmäßige Verbesserungen der Landesverwaltung wie in den alten so in den neuen Provinzen seines Departements das Volk in größeren Wohlstand zu erheben. Wichtige Urbarmachungen, besserer Anbau des Landes, Aufhebung der Dienste und mehre andere treffliche Maaßregeln der Landesverwaltung waren es, die unter der Leitung des Ministers v. Schrötter mit dem eifrigsten Interesse in Ausführung gebracht wurden. Niemand unterstützte in diesen edeln Bemühungen den Minister mit freudigerem Eifer als Graf Dohna, für welchen diese neue Geschäftsbahn auch darum von dem größten Einflusse war, daß er, was der Minister selbst auch als nothwendig für ihn erkannte, mit seiner gründlichen wissenschaftlichen Bildung mehr ins practische Leben eingeführt wurde, wo er nun in der Wirklichkeit die Anwendung seiner reichen Kenntnisse möglich machen konnte. Schrötter sah überhaupt, daß Graf Dohna mehr zum handelnden als zum speculirenden Manne geeignet sei. Als Rath stellte er fast alle denkbaren Meinungen und Vorschläge zur Hand; allein aus Delicatesse ließ er nicht selten das, was zu thun war, anheimgestellt. Wo er dagegen selbstständig bastand, wußte er sogleich jede Sache zu vollführen und seine Kenntnisse aufs Leben anzuwenden. Hiezu fand er noch mehr Gelegenheit, als er im Jahre 1801 zum ersten Director der Kriegs= und Domänen=Kammer zu Marienwerder ernannt worden war, wodurch ihm zugleich die Freude ward, seinen Ältern näher zu kommen und mit seiner ältesten Schwester an einem Orte zu wohnen.

In dieser neuen Stellung aber bewährte Graf Dohna bald die ganze Größe und den wahren Adel seines Geistes und seiner Gesinnung. Nicht nur in seinen Amtsverhältnissen war er durch die strengste Gewissenhaftigkeit in Erfüllung seiner Pflichten allen seinen Untergebenen ein vorleuchtendes Muster, sondern er wirkte auch als Mensch durch die Kraft und Reinheit seines Characters, durch wahrhafte Religiosität und durch die Gediegenheit seiner Grundsätze und ihre Ausführung durch die That auf seine ganze Umgebung höchst wohlthätig ein. Er hielt es für eine, nicht vom Staate unmittelbar gebotene, aber durch Religion gestellte Pflichtaufgabe seiner amtlichen Stellung, bei Allen, mit denen er in nähere Verbindung kam, religiösen Sinn und Achtung und Würdi-

gung alles wahrhaft Guten und Edlen zu erwecken und mit
gleichem Eifer überall das Gemeine, Unedle und die mensch-
liche Natur Entwürdigende, wo er es fand, zu bekämpfen
und zu vertilgen. Er ging im Verhältnisse zu seinen Untergebenen von der Überzeugung aus, es sei in keinem Amte damit abgethan, von obenher gegebenen Dienstvorschriften mit kal-
ter Pünktlichkeit zu genügen, sondern es sei nothwendig, daß
zugleich immer der ganze innere Mensch mit moralischer Liebe
und Hingebung sich den Pflichten seines Amtes zuwende und
das Amt jedes Einzelnen betrachtet werden müsse als ein
förderndes Bildungsmittel für seine moralische Vervollkommnung. Wie daher Graf Dohna das Schulwesen als das
wichtigste Mittel ansah, um in der Jugend den Keim tugend-
hafter Gesinnung zu erwecken und zu nähren, so sollte das
Amt die Schule für das höhere Alter durch das Leben fort-
führen, und in dieser Beziehung wirkte Dohna auf seine Umgebung viele Jahre lang mit ungemeinem Segen.

Aber es kam bald eine schwere Zeit, in welcher es Graf
Dohna selbst beweisen und bewähren sollte, wie groß und
stark sich sein Geist durch die Schule des Lebens herangebil-
det hatte und wie die Macht seiner moralischen Grundsätze
ihn über den Stürmen der Welt aufrecht hielt. Der unglückliche Kampf im Jahre 1806 riß auch die Banden ent-
zwei, welche Graf Dohna in seinem Amtsverhältnisse für seinen glücklichen Wirkungskreis geschlungen hatte. Die gewaltige Erschütterung, welche der Staat zuerst in seinen westli-
chen Theilen erlitten, erstreckte sich bald in reißender Schnel-
ligkeit bis in die östlichen Gebiete und schon im December
dieses Jahres war der größte Theil der Provinz Westpreußen
vom Feinde überschwemmt. Mit außerordentlicher Thätigkeit
und Umsicht bewirkte Dohna die Verpflegung der wichtigen
Festungen Graudenz und Danzig, um sie gegen eine lang-
wierige Belagerung in wehrhaften Stand zu setzen; und als
bald darauf der Feind sich auch des Sitzes der Regierung
dieser Provinz, der Stadt Marienwerder bemächtigte, trug
Graf Dohna, nachdem bereits alle Behörden von der sächsi-
schen Grenze an bis an die Weichsel dem Kaiser Napoleon
geschworen hatten, ganz besonders entscheidend dazu bei, daß
die dortigen Landesbehörden — gewiß ein seltenes und schönes Beispiel von patriotischer Standhaftigkeit — die vom
Feinde verlangte Eidesleistung verweigerten und unerschütter-
lich ihrem Könige treu, sich nur zu der Erklärung verstanden,
daß sie, so lange der Feind im Besitz von Marienwerder sei,
nichts gegen das feindliche Heer unternehmen würden. Allein

erbittert durch diesen unerwarteten, ernsten Widerstand foderte
der feindliche Befehlshaber, daß der Präsident und ein Rath
der Kriegs- und Domänen-Kammer als Geißeln aufgehoben
und ins Hauptquartier gebracht werden sollten. Graf Dohna
trat ins Mittel. Um die harte Maaßregel von dem bejahrten
und kränklichen Präsidenten von Buddenbrock abzuwenden, er-
bot er sich selbst zum Opfer und bestimmte einen der jünge-
ren unverheiratheten Räthe zu seiner Begleitung in der Absicht, das mögliche Unglück von Familienvätern abzulenken.
Durch ein rührendes Schreiben nahm er Abschied von seinen
Ältern; die Erbitterung des trotzigen Feindes ließ das trau-
rigste Schicksal erwarten; Graf Dohna war darauf gefaßt,
dem wilden Zorne als Opfer zu fallen, da man wohl wußte,
daß er vorzüglich jenen standhaften Entschluß der Landesbehörden bewirkt hatte. Wie er allen pflichtwidrigen Anmu-
thungen des Feindes sich mit muthiger Entschlossenheit wider-
setzt, so achtete er auch der wider ihn persönlich ausgesprochenen Drohungen nicht. Unter militärischer Bedeckung mit seinem Begleiter nach Löbau abgeführt, wurde er bald darauf
durch das schnelle Vorrücken des russischen Heeres unter dem
General von Benningsen wieder in Freiheit gesetzt. Graf
Dohna's männlicher Muth war nicht ohne Eindruck bei den
feindlichen Machthabern geblieben, denn als nach der Schlacht
bei Preußisch-Eylau das französische Heer Marienwerder zum
zweiten Male besetzte, hatte nicht nur die Wuth des Feindes
einem weit milderen Betragen Platz gemacht, sondern vor
allen behandelten auch die französischen Behörden den Grafen
Dohna mit hoher Achtung.

Mittlerweile hatte die zunehmende Kränklichkeit des bejahrten Präsidenten von Buddenbrock diesen genöthigt, die
Geschäfte des Präsidiums an den Grafen Dohna abzugeben
und es stand dieser nun selbständig an der Spitze der west-
preußischen Landesverwaltung. Es trat eine schwere, prü-
fungsvolle Zeit ein. Napoleon hatte während dieser Zeit sein
Hauptquartier in die Provinz Westpreußen verlegt und dazu
das dem Vater des Grafen Dohna gehörige Schloß Finkenstein auserwählt; der damalige französische Marschall Fürst v.
Ponte-Corvo dagegen hatte den gewöhnlichen Wohnsitz des
Grafen, das Schloß Schlobitten besetzt, denn Dohna's Vater
war mit seiner Gemahlin der königl. Familie nach Memel
nachgefolgt. Der Kaiser ließ im April 1807 eine Deputation der ländlichen und städtischen Bewohner Westpreußens,
welche bei ihm um Audienz gebeten hatte, um ihm die Noth
des Landes vorzustellen, in sein Hauptquartier zu Finkenstein

beſcheiden. An ihrer Spitze ſtand der ehrwürdige bejahrte Graf von der Gröben auf Neudörfchen. Der Kaiſer aber befahl, daß auch der Graf Dohna mit dieſer Deputation gleichzeitig zur Audienz vorgelaſſen werden ſollte, denn er hatte von ihm als einem Manne ſprechen gehört, deſſen männlicher Muth und feſte Treue zu ſeinem Könige auch beim Feinde Achtung und Anerkennung erwecken mußte. Es war die merkwürdigſte Stunde, welche Dohna bisher in ſeinem ganzen Leben zählte; der mächtige Umſchwung der Dinge machte auf ihn den tiefſten Eindruck. Dieſelben Zimmer, wo er von Kindheit an nur das ſtille Leben geliebter, jetzt vor dem Feinde geflüchteter Ältern geſehen hatte, ſah er von einem Manne bewohnt, in deſſen Händen der größte Theil Europas lag, und wo er einſt als Kind und Jüngling ſich einſamen Vergnügungen hingegeben, ſtand er jetzt vor dem mächtigen Beherrſcher als einer der erſten Sprecher und Vertreter ſeines Vaterlandes. Die Schilderung des erſchöpften und traurigen Zuſtandes der Bewohner Weſtpreußens, welche der Graf von der Gröben dem Kaiſer vortrug, beſtätigte Dohna, der den Zuſtand der Provinz als Kammer-Director aufs genauſte kannte, durch Angabe beſtimmter Thatſachen. Allein ſie ſchien dennoch auf den Kaiſer wenig Eindruck zu machen; er entließ die Deputation mit einigen der gewöhnlichen Redensarten und nichtsſagenden Vertröſtungen, wie ſie in vielen andern Fällen bald von ihm, bald von andern Anführern ſeines Heeres den bedrückten Bewohnern unterworfener Länder gegeben wurden.

Der Marſchall Duroc folgte jedoch auf des Kaiſers Befehl der Deputation in das Vorzimmer nach, um den Grafen Dohna ſofort zum Kaiſer zurückzurufen. Dieſer knüpfte jetzt ein ausführliches, mitunter ſelbſt vertrauliches Geſpräch an; er foderte Dohna auf, ſich eiligſt nach Memel zum Könige, ſeinem Herrn zu begeben und dieſem vorzuſtellen, daß es für Preußen nothwendig ſei, ungeſäumt mit Frankreich Friede zu ſchließen und ſich mit dieſer Macht gegen Rußland zu wenden. Napoleon ſuchte den Grafen durch Belobung des Eifers, mit dem er ſich für das Wohl und für die Erleichterung des Landes bei ihm verwende, für den Auftrag geneigt zu ſtimmen. Als jedoch auf die Frage des Grafen: ob ihn der Kaiſer auch mit ſolchen Friedensvorſchlägen verſehen wolle, welche der König als ehrenvoll und vortheilhaft werde annehmen können? keine befriedigende Antwort erfolgte und im weitern Verlaufe des Geſprächs das Anmuthen des Kaiſers ſich überhaupt als ein geheimes und ſehr zweideutiges Ge-

ſchäft geſtaltete, lehnte Graf Dohna den Auftrag entſchieden
ab. Der Kaiſer ſchlug jetzt eine andere Saite an; er ſuchte
Dohna durch verſchiedene Vorſpiegelungen zu gewinnen, welche
auf die Lage der Dohna’ſchen Familie Beziehung hatten, in=
dem er verſicherte, daß es nicht ſeine Abſicht ſei, den Eigen=
thümer von Finkenſtein zu Grunde zu richten und er vielmehr
dieſe ſchöne Beſitzung zu ſchonen wünſche. Zugleich erwähnte
er beiläufig, daß ja wohl auch der Vater des Grafen ſeinen
Aufenthalt in Memel benützen könne, um ſeinem Monarchen
die Nothwendigkeit des Friedens vorzuſtellen. Als indeſſen
Dohna hierauf erwiederte: ſein Vater ſei vom Könige nicht
mit Staatsgeſchäften beauftragt und könne daher auch keinen
Beruf haben, mit dem Könige über Krieg und Frieden zu
ſprechen, brach Napoleon ſchnell von der Sache ab, ſprach
von der Lage der Dohna’ſchen Familiengüter, dann vom Un=
glücke, welches immer unvermeidlich über die Bewohner des
Kriegsſchauplatzes verhängt werde, und auch davon ſchnell
wieder abſpringend machte er dem Grafen, ihn freundlich am
Knopfe ſeines Rockes faſſend, Vorwürfe darüber, daß er noch
nicht an das Heirathen denke, indem er ihm den Rath gab,
dies nicht länger aufzuſchieben. Hierauf ging der Kaiſer auf
die Frage über: welche Vorſchläge er denn zu machen habe,
wodurch die Provinz mehr geſchont werden könne, um die
Leiden des Krieges abzuwenden? Dohna antwortete: die größ=
ten Leiden befürchte man noch; das ſei die Kriegscontribution;
ſein Wunſch ſei daher vor allem zunächſt nur darauf gerich=
tet, es bei dem Kaiſer zu bewirken, daß der Provinz Weſt=
preußen keine Contribution auferlegt werde, und dieſe Bitte
des Grafen wurde dann vom Kaiſer auch bewilligt. Es lag
darin eine Anerkennung der Achtung, welche ſich Dohna durch
ſein feſtes und großſinniges Benehmen bei dem Machthaber
erworben hatte.

Er fand in dem Erfolge ſeiner Vorſtellungen ſeine ſchönſte
Belohnung; er hatte Tauſende durch ſeine Bitte beim Kaiſer
von einer drohenden, ſchwer drückenden Laſt befreit. Aber
auch der König erkannte Dohna’s Verdienſte an. Nach dem
Frieden zu Tilſit wurde dieſer nach Memel berufen, wo ihm
der König nicht nur allerhöchſt ſelbſt ſeine volle Zufriedenheit
in Betreff ſeines patriotiſchen Benehmens zu erkennen gab,
ſondern ihn auch unterm 4. Auguſt 1807 zum Präſidenten
der Kriegs= und Domänen=Kammer zu Marienwerder ernannte.
In der darüber erlaſſenen Kabinets=Ordre heißt es: „Euere
früheren Verdienſte, die Ihr in der jetzigen Unglücksepoche ſo
rühmlich als glücklich bewährt habt, begründen das Vertrauen,

daß Ihr den Erwartungen, wozu Ihr berechtiget, entsprechen werdet". — Bald darauf verfügte sich Dohna auf königlichen Befehl nach Elbing, um dort als preußischer Friedensvollziehungs-Commissarius mit dem französischen Marschall Soult zu unterhandeln.

Die Tage der Noth aber und die schweren Schläge des Schicksals hatten einsichtsvollen Männern einen helleren Blick in das Wesen des preußischen Staates eröffnet; es war mehr als je erkannt worden, daß die Macht eines Staates nicht blos in der Masse der ihm zu Gebot stehenden physischen und mechanischen Kräfte, sondern vielmehr noch in der Intelligenz, in der Kraft moralischer Grundsätze und in der Begründung und Emporhebung eines wahrhaft patriotischen Volkslebens durch Bildung und Veredlung der Menschheit beruhe; man hatte eingesehen, daß die bereits zu einer gewissen Vollkommenheit gesteigerte Form und Mechanik des Staatswesens nur durch die Schöpfung und Unterlage eines neuen und frischen Geistes im Volks- und Staatsleben für die Zukunft Gedeihen bringen und daß vor allem nur dieser den Staat aus seiner Gesunkenheit und Entwürdigung wieder emporheben könne zu Macht und Ansehen. Alle dem König damals umgebenden Männer waren von diesen Überzeugungen durchdrungen; die Erbunterthänigkeit war schon aufgehoben, der freie Besitz des Grundeigenthums schon proclamit, die Errichtung einer Universität bereits eingeleitet, als der Freiherr von Stein diese Bahn aufnahm und verfolgte. Er mußte aber bekanntlich im Jahre 1808 aus dem Staatsdienste entlassen werden und konnte die neue Schöpfung kaum mit beginnen. Da veranlaßten ihn Dohna's entschlossenes Benehmen, seine erprobte Treue, sein im Unglücke bewährter Muth und seine vielfachen Kenntnisse im Staatswesen, dem Könige diesen Mann zum Minister des Innern vorzuschlagen und durch eine Kabinets-Ordre vom 25. November 1808 wurde ihm diese hohe Staatswürde wirklich übertragen. Bei der geringen Meinung, welche Dohna in seiner Demuth von sich hegte, überraschte ihn diese Erhebung zu dem wichtigen Staatsposten in dem Maaße, daß er in aller Eile zu dem nachmaligen (damals entlassenen) Minister Hardenberg in Marienwerder ging und ihm dringend vorstellte, daß er den König veranlassen möge, ihn dieses hohen Amtes wieder zu entbinden. Hardenberg rieth jedoch entschieden von diesem Schritte ab und Dohna begab sich sofort nach Königsberg, wo sich damals noch der königliche Hof befand. Schon im December erschienen dort von ihm contrasignirt die wichtigen, unter dem Ministerium von Stein schon entworfenen Verordnungen über die obern Staatsbehörden, sowie es ihm auch oblag, die schon früher entworfene Städte-ordnung ins Leben zu führen.

Es war für den Staat eine schwere und sehr trübe Zeit, als Graf Dohna das Ministerium des Innern übernahm und er erkannte die ganze große Aufgabe seines hohen Amtes in dieser Zeit. Abgesehen von den vielfachen Schwierigkeiten, welche bei der völlig neuen Organisation der obern und un-tergeordneten Staatsbehörden sowie der Communalverwaltung zu beseitigen und zu bekämpfen waren, konnten die Wunden des Krieges bei dem Drucke, welchen der Feind des tilsiter Friedens ungeachtet theils durch Contributionsfoderungen, theils durch die häufigen Durchmärsche nach den von ihm besetzten Fe-stungen immerfort noch verübte, unmöglich sobald geheilt werden. Dazu kam, daß Dohna mit Collegen zusammengestellt war, welche nicht ganz seine Lebensfundamente und seine Lebensrichtung hatten. Alles dieses machte seine Lage sehr schwierig. Aber der König wollte es und Dohna beschritt mit Muth und Vertrauen die als nothwendig erkannte, neue Bahn. Nach den bereits vor-angegangenen Einleitungen zur Verbesserung und Erhebung der gesellschaftlichen Ordnung erfolgte zunächst die Gründung der Universität zu Berlin. Es mochte manchen, dem die in Preußen sich im Stillen bildende neue Schöpfung unbekannt blieb, etwas sonderbar dünken (und die Männer, welche vor Dohna's Zeit die Gründung der Universität einleiteten, sagten es sich selbst), daß unter Verhältnissen, die je nur ungünstiger hätten sein können, bei den gänzlich erschöpften Staatskräften und unter den unzähligen andern äußerlich ungleich bringen-der hervortretenden Bedürfnissen und Gebrechen des Staates nach einem solchen Schicksale zunächst an die Stiftung einer neuen und zwar so kostspieligen Universität gedacht und gear-beitet wurde. Allein es war der große Gedanke, aus dem die ganze neue Schöpfung in Preußen hervorging, aus wel-chem eben damals schon in Memel durch Scharnhorst die neue Um- und Durchbildung des Kriegswesens erfolgte, der Gedanke des Lichtes und der Intelligenz als der nothwendi-gen belebenden Seele, aller übrigen materiellen Kräfte des Staates, aus welchem sich auch die Nothwendigkeit der Grün-dung dieser neuen Hochschule entwickelte. Die Stiftung selbst geschah zwar nicht unmittelbar durch den Minister Dohna, sondern vielmehr unter besonderer Leitung Wilhelms. v. Hum-boldt, welcher damals in der Abtheilung für Cultus und Un-terricht den Vorsitz führte; allein Dohna unterstützte mit Freude und Energie, im Plane des Ganzen mit diesem seinem vieljährigen Freunde Hand in Hand gehend, die neue Stiftung auf jegliche Weise und mit dem lebendigsten Interesse.

In gleicher Gesinnung ging Dohna mit Scharnhorst auf gleicher Bahn. Im Geiste weiser Sparsamkeit und politischer Klugheit bereitete er als Minister des Innern in Gemeinschaft mit diesem die Maaßregeln vor, welche, den scharfen Augen Napoleons verborgen, es ohne auffallende Kraftanstrengung und außerordentliche Mittel bald möglich machten, schnell ein dreifach so großes Heer aufzustellen und zu bewaffnen, als die eigentliche Streitmacht selbst war. Das System, nach welchem alle drei Monate eine Anzahl Rekruten eingezogen und ausgebildet und wieder entlassen wurden, um einst als schon ausexercirte Leute (Krümper) die Linientruppen sogleich ums doppelte und dreifache verstärken zu können, wurde in Gemeinschaft mit dem Minister Dohna entworfen, von Scharnhorst geleitet und ins Leben geführt. Nächst der Landwehr hat vorzüglich dieses System nach wenigen Jahren in Preußen die plötzliche und gewaltige Kraftentwickelung der großen Streitheere möglich gemacht, welche Europa in Erstaunen setzte und den Staat schnell aus seiner Gesunkenheit emporhob.

Aber welchem System, so fragt man heut zu Tag von einem Staatsmanne auf solchem Posten, huldigte der Minister und auf welcher Seite stand er in seinem politischen Glaubensbekenntnisse? Ob es damals für einen hohen Staatsbeamten in Preußen eines bestimmten, scharfabgegränzten sogenannten politischen Systems oder Glaubensbekenntnisses oder nicht vielmehr eines von Liebe für König und Vaterland tief durchglühten Herzens und eines von großen Gedanken für das Gemeinwohl erfüllten, sowie mit starker Schwungkraft zur Ausführung durchdrungenen Geistes bedurfte, möchte hier wohl kaum zu fragen sein. Wenn von einem vollständigen politischen System die Rede ist, so konnte ein solches Dohna schon seiner ganzen Persönlichkeit nach kaum haben. Da er durchaus nur historisch gebildet war und eine eigentliche philosophische Durchbildung ihm abging, so besaß er auch nur alle Materialien zu einem System, welche sein gesunder Verstand und sein durchaus edler Charakter immer zu etwas Gutem zusammenfügten. Allein von dem höhern Standpunkte der Intelligenz oder der Wissenschaft ging er niemals aus. Wie dem Minister Stein, so gab auch ihm der Augenblick die Veranlassung, die Geschichte zeigte die Wege und das Streben nach dem Besten stellte aus dem Gegebenen und Vorhandenen immer etwas Gutes und Anwendbares zusammen. Dabei aber haben beide viel Großes und Ausgezeichnetes geleistet. Es

wurde von den Staatsmännern, welche damals an der Ver=
waltung der öffentlichen Angelegenheiten Preußens mit Theil
nahmen, allgemein anerkannt und es wird den noch Lebenden
erinnerlich sein, mit welchem nur aufs allgemeine Beste groß=
artig einwirkenden Geiste Dohna das ihm anvertraute Mini=
sterium leitete und mit welcher Wärme seiner Seele er stets
vor allem zwei Ziele in seinem Streben und Wirken vor Au=
gen hatte: den Willen seines hochverehrten Monarchen und
das Wohl und Gedeihen seines Vaterlandes. Soll daher sein
politisches System einen Namen haben, so mag man es Roya=
lismus nennen; aber er war ein Royalist im ächten und be=
sten Sinne des Wortes und blieb dieser politischen Gesinnung
auch immer getreu. Sie war mit seiner ganzen Bildung
gleichsam geboren und auferzogen. Seit seinen frühsten Le=
bensjahren war seine Seele von innigster Verehrung seines
Königes erfüllt gewesen. Seine Jünglingszeit fiel in die letz=
ten Jahre der Regierung des großen Friederichs, eine Zeit also,
in welcher alles, was Preuße hieß, sich mit Stolz und En=
thusiasmus des vaterländischen Helden und Königes rühmte
und der Name Preußens am politischen Himmel im Glanze
seines Monarchen mit am hellsten strahlte. Das Geschlecht,
aus welchem Dohna stammte, rechnete es sich nicht nur seit
Jahrhunderten zum ehrenvollen Vorzug, dem Regentenhause
stets die treuste Anhänglichkeit bewiesen zu haben, sondern
man setzte auch einen besondern Werth darauf, daß beim Aus=
sterben der anspachischen Dynastie die Grafen Dohna vorzüg=
lich mit bewirkt hatten, daß Preußen an Kurbrandenburg kam.
Was aber dem Kinde auf solche Weise gleichsam als erstes
Erbtheil seines Hauses mitgegeben, was in dem Jünglinge
die Stimmung seiner Zeitgenossen und die warme Liebe des
Vaters zu seinem königlichen Helden mit genährt und gepflegt
hatte, war nachmals durch Dohna's eifrige Studien der
Staatswissenschaften, wie nicht minder durch die Erfahrungen
und Resultate seines thätigen Lebens immer mehr entwickelt
und befestigt worden. So war also Dohna's politisches
Glaubenssystem, wenn man es so nennen will, ächter Roya=
lismus, verbunden mit der Überzeugung der Heilsamkeit einer
angemessenen Volksrepräsentation, ein System, welches darum
in Preußen so allgemein ist, weil seit länger als einem Jahr=
hunderte die Landesherren nie ein anderes Ziel aller ihrer Be=
strebungen und keine andere Aufgabe aller ihrer Regenten=
pflichten gekannt und verfolgt haben als das Glück und die
Wohlfahrt ihrer Völker an jedem Tage ihrer Regentschaft.
Dohna genoß dabei das Glück, eine Zeit lang das volle Zu=

trauen seines Königes zu besitzen und unmittelbar unter dessen Augen zu wirken. Unter allen Schwierigkeiten seines Amtes konnte ihn nichts lebendiger erheben und mit regerem Muthe erfüllen, als die Überzeugung, daß der hochverehrte Landesvater die Wohlfahrt seines Volkes, Gerechtigkeit und Milde immer als die höchsten Aufgaben seines königlichen Willens und Wirkens betrachte und daß das hohe Beispiel wahrhaft königlicher Tugenden in dem Monarchen auf Jahhunderte im königlichen Hause segensreich fortwirken werde. Darum fürchtete Dohna für den preußischen Staat von den politischen Wetterschlägen und Umtrieben der Zeit immer keine besonders wichtigen Folgen, denn er äußerte oftmals, daß da, wo die Gesinnungen des Staatsoberhaupts mit den Wünschen der wärmsten und über das wahre Staatswohl aufgeklärten Volksfreunde so herrlich übereinstimmen, keine das monarchische System beeinträchtigenden politischen Grundsätze aufkommen oder von Wirkung sein können. Der Verfasser dieser Abhandlung, der in spätern Zeiten oft das Glück gehabt hat, mit ihm über solche und ähnliche Erscheinungen der Zeit in Unterhaltung zu kommen und selbst in vertraulicheren Mittheilungen seine Ansichten über die politischen Richtungen der Staaten kennen zu lernen, hat in ihm nicht selten das ruhigbesonnene und tiefdurchdachte Urtheil des eingeweihten Staatsmannes bewundert, wenn von den stürmischen Verhältnissen der politischen Welt die Rede war.

Mit diesen reinsten Gesinnungen für König und Vaterland verband Dohna eine sehr ausgedehnte Geschäftserfahrung, die er fort und fort mit weiterer scientifischer Bildung in Einklang zu bringen suchte. Auf eine bewunderungswürdige Weise wußte er immer die neuesten literärischen Erscheinungen im Fache der Staatskunde zu benutzen und durch fleißiges Studium einer großen Anzahl neuerer Schriften, sowie durch Vergleichung derselben mit den besten ältern Werken dieses Faches seine Kenntnisse zu erweitern und das Gute und Geläuterte der neuern Zeit anzuerkennen, ohne dem Schätzbaren der ältern Staatslehre seinen Werth zu entziehen. Sein auf festen Grundsätzen ruhender Tact und sein besonnenes Urtheil in Staatssachen machte es ihm auch hier leicht die Spreu vom Weizen zu sondern.

Es läßt sich von selbst erwarten, daß zwischen Dohna und den in seinem Ministerium arbeitenden Räthen ein angenehmes, auf gegenseitiges Vertrauen und Achtung begründetes Verhältniß Statt fand. Unter mehren Männern standen ihm die Staatsräthe Nicolovius und Kunth (der Erzieher der Ge=

brüder Humboldt) ganz besonders nahe und beide blieben auch späterhin, als er den Staatsdienst verlassen hatte, mit ihm in dem freundlichsten Verhältnisse. Insbesondere unterhielt der erstere treffliche Staatsmann mit ihm noch lange Zeit einen freundschaftlichen Briefwechsel. Zwei Jahre hatte Dohna in dieser Stellung und Wirksamkeit dagestanden. Am 18. Januar 1810 ertheilte ihm der König als Zeichen der Anerkennung seiner Verdienste den rothen Adlerorden dritter Klasse. Als indessen die Finanzverhältnisse des Staates in diesem Jahre einen Wechsel des Ministeriums verursachten und die Anstellung des Staatskanzlers Fürsten von Hardenberg zur Vereinfachung der obersten Staatsbehörden eine Veränderung der Minister nöthig machte, fand es Dohna rathsam, sich aus dem königlichen Dienste zurückzuziehen. Gerade damals als Scharnhorst auf Napoleons Verlangen, wenigstens anscheinend, obgleich er seine Wirksamkeit behielt, von der Bühne, auf der er so großartig gewirkt, zurücktreten mußte, bat auch Dohna um seine Entlassung und erhielt sie in gnädigen Ausbrücken durch eine Kabinets-Ordre vom 3. November 1810.

Noch in demselben Jahre begab sich Dohna nach Preußen und bezog dort das im Anfange des vorigen Jahrhunderts von einem seiner Vorfahren mit eben so viel Pracht als Geschmack erbaute Schloß Schlobitten in einer der schönsten Gegenden des preußischen Oberlandes, um von da aus die ihm kurz zuvor als Majorat zugefallenen, in Folge des Krieges aber zu Grunde gerichteten Güter zu verwalten. Man zog ihn jedoch bald wieder in die öffentliche Thätigkeit. Die ostpreußischen Landstände erwählten ihn zum General-Landschafts- und General-Feuersocietäts-Director und der König bestätigte ihn in dieser Eigenschaft. Mit diesen Ämtern war damals zugleich das Präsidium des ostpreußischen und litthauischen ständischen Comitee verbunden, wodurch sich Dohna oft verpflichtet sah, in Betreff der sehr traurigen und an Hülfsmitteln erschöpften Lage der Provinz Preußen höheren Orts bringende Vorstellungen einzureichen und er erfüllte diese Pflicht mit eben so großer Unerschrockenheit als warmem Eifer für das allgemeine Beste. Gerade in dieser Zeit aber erscheint das Bild seines Geistes in seiner lebendigsten Farbe. Hier kam es aufs Handeln, es kam vor allem darauf an, seinen Mann zu stehen und für das Gute vorzutreten; da fehlte Dohna niemals. Gegen seine Geschäftsführung als Beamten konnte man wohl dieses und jenes einwenden; an der Spitze der Landstände aber stand er jeder Zeit großartig und als das herrlichste Bild eines wahren Freundes des Vaterlandes da.

Durch seine frühere Stellung als Minister mehr als zuvor in die Verhältnisse des wirklichen Lebens eingeführt und immer das wahre Bild des Königes vor Augen habend kannte er kein größeres und würdigeres Ziel aller seiner Thätigkeit in seiner amtlichen Stellung als Förderung des Gemeinwohls und Erhebung des Landes. Wo er hiebei Widerstand fand, trat er mit ungemeiner Kraft auf und kam dadurch selbst einmal in die Lage, gegen einen einzelnen Mann sehr bestimmt seine Bereitwilligkeit auszusprechen, sein Leben für sein Vaterland aufs Spiel zu setzen, wie er denn auch früherhin noch im Staatsdienste einmal veranlaßt war, sich gegen einen anerkannten Helden auf gleiche Art zu äußern, welches Misverständniß sich jedoch bald in wechselseitige Freundschaft auflöste.

Das Jahr 1813 kam heran und mit ihm der Moment für Preußen, in welchem Graf Dohna sich in der ganzen Kraft und Größe seines Geistes zeigen konnte. Der allgewaltige Umschwung der Dinge in Rußland und York's entschlossener Schritt, mit dem er sich vom französischen Heere trennte, hatten in die Bewohner Preußens einen Brennstoff geworfen, der nur eines Funkens bedurfte, um zur hellen Flamme für Vaterland und Freiheit aufzuschlagen. Es ward für nothwendig erkannt, der innern Glut zum Kampfe für König und Vaterland mit Besonnenheit die gehörige Richtung anzuweisen. Mit vielen andern seiner Mitstände ward auch Dohna nach Königsberg zu einem Landtage berufen, dessen Beschlüsse unter den obwaltenden Umständen von der höchsten Wichtigkeit werden mußten. Wiewohl die versammelten Landstände insgesammt vom besten und trefflichsten Geiste beseelt waren und in allen nur Ein Herz dem Könige und dem Vaterlande entgegenschlug, so drohte doch jeder ihrer Beschlüsse manchfache Gefahr, da die größere Hälfte des Staates noch in der Gewalt des französischen Machthabers war. Nur aus einer genauen und vielseitigen Kenntniß der großen Staatenverhältnisse und der im preußischen Staate insbesondere verborgenen Hülfsmittel, sowie aus kluger Umsicht und energischer Kraft bei Benutzung dieser Mittel ließ sich ein glücklicher Ausweg aus den unglücklichen Verwickelungen der Provinz Preußen erwarten. Da trat Dohna mit der Kraft seines Geistes entscheidend ein.

Der Landtag wurde von dem anwesenden russischen Commissarius von Stein zur Bewaffnung aufgefordert. Die Landstände indeß, Gott und dem Könige treu, wiesen jede russische Aufforderung zurück, erließen jedoch an den kurz zuvor zum

Generalgouverneur von Preußen ernannten General von York in Beziehung auf das Ansinnen des russischen Commissarius durch eine Deputation die Anfrage: ob der General von York höhere Befehle habe, dem Könige von der Sache Bericht zu erstatten? Mit der zurückkehrenden Deputation zugleich aber trat York in den Versammlungssaal des Landtages ein und forderte im Namen des Königes die Bewaffnung des ganzen Landes. Alles rief ihm Beifall zu; der Ruf des Königes schlug an alle Herzen; alle Abgeordneten erklärten mit dem höchsten Enthusiasmus ihre völlige Bereitwilligkeit zur Ausführung. York hatte die Versammlung kaum verlassen, als Jeder voll Begeisterung rief: Alles, selbst Weib und Kind müsse sich bewaffnen; das Vaterland, der König wolle es in tiefer Noth. Da trat Graf Dohna mit einer Macht der Beredtsamkeit auf, die durchglüht von der feurigsten Liebe zum Vaterlande Alles mit sich fortriß. Zuerst schilderte er die Gefahr, die schon selbst die bloße Verhandlung über diese Sache mit sich führe; die französischen Heere seien nahe, die russischen so sehr geschwächt, daß vorerst auf kräftigen Widerstand gegen den Feind wenig gerechnet werden könne; nicht blos das Leben der Abgeordneten sei in Gefahr, sondern der Untergang ihrer Familien und der Verlust von Habe und Gut im Fall des Unglückes allen gewiß. „Aber Gott ist mit uns!" sprach Dohna mit erhobener Stimme, „der König ist mit seinen Preußen eins, und Gott und dem Könige treu darf uns nichts zurückhalten, was York von uns in des letztern Namen fodert, mit freudigem Muthe zum Opfer zu bringen." Und Alles in der Versammlung rief diesem Worte Beifall zu. Größer hatte sich Dohna's Seele noch nie gezeigt; es war der herrlichste Moment seines Lebens.

Allein es war unmöglich, die Bevölkerung des ganzen Landes zu bewaffnen. Greise, Weiber und Kinder konnten den väterlichen Heerd nicht verlassen und das Schwert ergreifen. Die Begeisterung mußte durch Besonnenheit geleitet werden. Es kam auf eine Form an, in welcher die Landesbewaffnung vor sich gehen mußte. Da trat

Dohna als Stifter der Landwehr

auf und der große Gedanke der Volksbewaffnung wurde von ihm für Preußen zuerst ins Leben eingeführt. Weil Östreich nicht lange vorher eine Landwehr eingerichtet hatte, so schlug Dohna, immer geneigt, Vorbilder und Beispiele auf sich stark einwirken zu lassen, ohne die Einrichtung der Österreicher genau zu kennen, die Aufstellung einer Landwehr von 30,000 Mann und die Einrichtung eines Landsturms als Reserve an Ort

und Stelle vor, hinzufügend, man wolle den Plan dazu,
während man in der Sache selbst vorgehe, durch einen Abge=
ordneten an den König senden, um die allerhöchste Genehmi=
gung zu erbitten. Dieser Vorschlag wurde vom Landtage an=
genommen. Da es indessen an der nöthigen Detailkenntniß
fehlte, wie eine solche Landwehr im Einzelnen zu organisiren,
abzutheilen und einzurichten sei, so zog Dohna einen zufällig
gegenwärtigen früheren Freund, den Oberst Clausewitz, vor=
mals Adjutant des Prinzen August, der jetzt als rüssischer
Generalstabs=Officier mit dem russischen Heere den Feldzug ge=
gen Frankreich mitmachte, dabei zu Rathe und arbeitete in
Gemeinschaft mit diesem gebildeten und kenntnißreichen Offi=
cier den Landwehrplan vollständig aus, ein Plan, der nachher
Vorbild für ganz Deutschland wurde und durch den die ganze
Politik Europas auf einen andern Standpunkt kam. Dohna
selbst war einer der Ersten, die sich in das Bataillon des
mohrungischen Kreises, in welchem das Schloß Schlobitten
liegt, als Landwehrmänner einschreiben ließen.

Der damalige königliche Commissarius bei den ständi=
schen Versammlungen erklärte sich mit den Beschlüssen der
Deputirten vollkommen einverstanden und war der Meinung,
daß zur Ausführung derselben, mit Ausnahme des Landsturms,
zu welchem, wie er glaubte, zur Zeit noch keine Gefahr treibe,
die erforderlichen Einleitungen getroffen würden; nur wünschte
er, daß die Deputirten einige Abgeordnete erwählen möchten,
die alsbald nach dem Schlusse der Versammlung nach Bres=
lau gehen sollten, um dem Könige selbst die Motive zu ihren
Beschlüssen mündlich auseinander zu setzen.

Ein jüngerer Bruder Dohna's, der Graf Ludwig Dohna
war es, der als Abgeordneter gewählt mit jenem Auftrage
nach Breslau eilte, um „dort", wie unser Dohna späterhin
selbst schrieb, „trotz des entsetzlichsten Widerstrebens die Idee
der Landwehr ins Leben zu rufen". Diesen Widerstand fand
er gerade bei dem Manne, von dem allgemein geglaubt und
erst jüngst wieder behauptet worden ist, „daß er zuerst die Idee
einer allgemeinen Landwehr nach dem Beispiele Österreichs vor=
bereitet habe". *) Mit dem General Scharnhorst nämlich hatte
Graf Ludwig Dohna wegen des Landwehrplans Anfangs die
heftigsten Kämpfe zu bestehen. Da vorauszusehen ist, daß
Vielen diese Behauptung sehr befremdend sein wird, so mag
Folgendes zu ihrer Begründung und Rechtfertigung dienen.

---

*) S. Ranke's „Histor.=politische Zeitschrift", Jahrg. 1832, S. 183.

Wirft man zunächst einen Blick auf Scharnhorst's Leben und Thätigkeit bis zu dem Augenblicke, wo in Breslau jener Plan zur Sprache kam, so ist kaum abzusehen, wie in seinem Geiste die Idee einer Landwehr als Volksbewaffnung habe entstehen können. In der vom Grafen Wilhelm von Bückeburg auf Wilhelmsstein errichteten Militärschule gebildet, hatte er den Standpunkt des Kriegers klar gefaßt, und die Größe seines Geistes und Tiefe seines Characters stellten ihm selbst jeder Zeit ein großartiges Bild des Soldaten als Vertheidigers des Throns und des Vaterlandes vor Augen. Bis zum Jahre 1801 hatte er in hannöverischen Kriegsdiensten gestanden und sich bereits einen rühmlichen Namen erworben; er trat hierauf in preußische Dienste und lebte bis zum Jahre 1806 meist nur in Berlin, ohne besonders ausgebreiteten Umgang, fast ausschließlich mit militärischen Arbeiten und mit dem Unterrichte der Infanterie= und Cavallerie=Officiere beschäftigt. Das Volk und den gemeinen Mann im Militär lernte er damals wenig oder nicht kennen. Seit der Schlacht von Auerstädt aber und seit der gräßlichen Flucht des geschlagenen Heeres, die ihn in einem Dorfe, wo der Prinz Heinrich durch das Gewirre der Flucht zu Boden geworfen war, sogar zwang, gegen die fliehenden Massen den Degen zu ziehen, um dem Prinzen das Leben zu retten, hatte er von dem gemeinen Soldaten die schlechteste Meinung, die man vom Krieger nur irgend haben kann. Er selbst von einer Tapferkeit belebt, die unbedingt auf Anhänglichkeit an Fürst und Vaterland begründet war, ging seitdem von der Ansicht aus, daß unserem Soldaten, abgesondert vom Volke erst die Idee der Tapferkeit gegeben und überhaupt der Soldat erst zum wahren Soldaten umgebildet und erzogen werden müsse. Außer seinen bekannten, ewig rühmenswerthen Anstalten und Anordnungen zur Umbildung des preußischen Kriegerstandes war ihm daher auch immer der Vorschlag von großer Wichtigkeit, daß die Regimenter in allen Theilen des Staates umher marschieren sollten und daß überhaupt der Soldat in keine Berührung mit dem Bürger kommen müsse, denn gegen das Einbürgern des Militärs eiferte er beständig mit aller Heftigkeit. Den Soldaten und das Volk hielt daher Scharnhorst auch immer auseinander. Es sprechen allerdings Zeugnisse dafür, daß er schon im Jahre 1808 eine allgemeine Landesbewaffnung im Plane hatte und öfter auch zur Sprache brachte. Er wollte neben dem stehenden Heere zur Vertheidigung des Vaterlandes noch eine Reserve errichten, wie er es auch selbst nannte. Fortwährend aber nur mit der Organi=

sation und Entwickelung der Linientruppen beschäftigt, verstand er unter Landes- und Volksbewaffnung, wenn er davon sprach, immer nur ein Zuströmen des Volkes zu den Linientruppen oder jener Reserve. Dieser Begriff herrschte bei ihm auch noch vor, als Napoleon seinen Plan nicht mehr verhehlte, den preußischen Staat aufzulösen und Scharnhorst jetzt in der ganzen Größe seines Characters den Gedanken geltend machte, man müsse alle Kräfte der Monarchie, selbst bis auf die Kraft des letzten Mannes aufwenden, um den Staat aufrecht zu erhalten. Es ging von ihm der Vorschlag aus, die Monarchie in Statthalterschaften zu theilen, so daß jede Provinz ihren Heerd zu vertheidigen habe. Der Plan war ganz im Sinne des Königes gefaßt. Scharnhorst reiste selbst in den Provinzen umher, um den Statthaltern die Vollmachten zu geben und diese zu instruiren. Allein auch bei dieser Instruction hatte er, wenn er dabei von Volksbewaffnung sprach, kein anderes Ziel vor Augen, als durch eine allgemeine Bewaffnung die Masse der Linientruppen so viel als möglich zu verstärken und wenn ihm damals hie und da entgegnet wurde, daß eine Vertheidigung bloß durch das Linienheer nicht zureichen werde, sondern noch andere Maaßregeln ergriffen werden müßten, so ließ er diese zwar hingehen, aber seine Aeußerungen zeigten, daß er keinen besondern Werth darauf lege: Als daher zu Breslau der entworfene Landwehrplan ihm vorgelegt wurde, konnte ihm, da er sich über das reguläre Soldaten-Verhältniß nicht zu erheben wußte, der Beschluß des Landtages, neben der vollständigen Linie noch 30,000 Mann Landwehr zu errichten, Anfangs auch auf keine Weise zusagen.

Gehen wir demnächst aber auf die Frage über: ob Scharnhorst je selbst einen Plan zur Errichtung einer Landwehr entworfen und mitgetheilt habe, so giebt uns Dohna darüber selbst eine entscheidende Antwort; denn als bei einer spätern Veranlassung bei ihm angefragt wurde, ob Scharnhorst je eine Mittheilung dieser Art gemacht habe, erwiederte er in einer noch vorhandenen Erklärung: „In den Akten des ständischen Comitee befindet sich durchaus kein schriftlicher Plan zur Landesbewaffnung von Scharnhorst.' Ich bezweifele sogar, ob ein dergleichen Plan jemals schriftlich vorhanden gewesen ist. Mehrmals habe ich mit dem seligen Scharnhorst über den Gegenstand gesprochen; es ist mir aber nicht erinnerlich, daß ich einen schriftlichen Plan darüber in Händen gehabt. Unter meinen Papieren über Landwehrsachen befindet sich nur der nach gemeinschaftlicher Rücksprache mit mei-

...en Brüdern Ludwig und Fritz vom General Clausewitz nie=
dergeschriebene erste militärische Entwurf zur Bildung der
preußischen Landwehr, der von mir danach gemachte erste
Entwurf zu einer Verordnung über diesen Gegenstand mit
Correcturen von der Hand von Stein. Über diesen Entwurf
ward mit York und den Ständen conferirt; in Folge dieser
Conferenzen ward manches modificirt; mit dem modificirten
Plane ging mein seliger Bruder nach Breslau und dort ent=
entschloß man sich zur Bildung der Landwehr. In jenen
verhängnißvollen Tagen gab mir zwar auch York einen Ent=
wurf zur Landesbewaffnung, welchen ich noch besitze. Der=
selbe aber taugt nicht viel und hat R... zum Verfasser.“

Der Entschluß zur Bildung einer Landwehr in Preußen
erfolgte aber in Breslau erst nach manchen harten Kämpfen,
welche Graf Ludwig Dohna gegen Scharnhorst zu bestehen
hätte. Der noch vorhandene vertrauliche Briefwechsel der
beiden Brüder Dohna giebt darüber manchen Aufschluß. Die
Wichtigkeit des Gegenstandes wird eine Mittheilung aus dem=
selben entschuldigen. Als Ludwig Dohna dem General Scharn=
horst den Landwehrplan vorgelegt und dieser ihm die Aus=
führung, sofern die Linientruppen durchaus vollzählig gemacht
werden sollten, als eine Unmöglichkeit vorgestellt hatte, ant=
wortete Dohna seinem Bruder Ludwig auf dessen Bericht
darüber in einem Schreiben vom 14. Februar: „Vivat die
Landwehr! Anbei erhältst Du die Nachweisung von der An=
zahl männlicher Seelen zwischen 18 bis 45 Jahren in Ost=
preußen allein, welche im Jahre 1810 betrug 92,276. Rech=
net man nun, daß Litthauen und Westpreußen auf dem rech=
ten Weisel=Ufer, welche zusammen von 513,500 Seelen be=
werden, auch nur 90,000 Männer von 18 bis 45 Jahren
haben, so ist es denn doch mindestens sicher, daß Preußen
zwischen der Memel und Weichsel 150,000 männliche Seelen
zwischen 18 bis 45 Jahren hat. Rechnet man davon, —
welches aber höchst übertrieben wäre —, ein Viertel ab, inso=
fern man voraussetzt, daß alle junge Männer, welche zwi=
schen 18 bis 25 Jahren sind, bei der Linienarmee freiwillig
oder zwangsweise eingezogen wären, so bleiben übrig 112,000.
Rechnet man von dieser letztern Summe auch die Hälfte ab
für die letzte und für die in der nächsten Campagne stattfin=
denden Recrutirungen zur Linienarmee, welches auch sehr
übertrieben ist, so bleibt doch noch ein Fond von 56,000 See=
len von 18 bis 45 Jahren männlichen Geschlechts in Preußen
zwischen Memel und Weichsel zur Bildung der Landwehr
von 20,000 Mann und 10,000 Mann Reserve. Die For=

mation dieser Landwehr bleibt daher unter jeder Voraussetzung, sogar wenn man der Wahrheit zuwider auf die Classe der Leute zwischen 18 bis 25 Jahren gar nicht für den Augenblick Rücksicht nehmen wollte, sehr wohl möglich. Jährlich kommt auch noch der Zuwachs der Leute dazu, welche das achtzehnte Jahr erreichen. Allerdings ist der Bogen dann in einem menschenarmen Land, wie Preußen, sehr hoch gespannt und die Landwehr dieser Provinz muß nicht ohne die letzte und höchste Noth über die Weichsel gehen (welches sogar Stein nicht einmal verlangt), was auch gar nicht nöthig ist, wenn in allen übrigen Provinzen und Landen nur verhältnißmäßig dasselbe geschieht, was jetzt in Preußen geschehen soll und wird. — Die heute hier angekommene Berliner Zeitung enthält die Aufforderung an alle junge Leute von 17 bis 25 Jahren, sich freiwillig bei den Jägercompagnien der Regimenter zu engagiren. Dieß ist eine alte Lieblingsidee von Scharnhorst, welche sehr gut ist, um junge Leute jenes Alters, welche nach dem Cantonreglement exirmirt sind, in die Linienarmee zu bringen. Allerdings werden jetzt viele dergleichen junge Leute gleich in die Linienarmee gehen, welches ganz vortrefflich ist, aber lange nicht alle und schon gleich nicht die Armen, welche sich nicht selbst equipiren können, deren Zahl doch die größte ist. Die Bildung der Landwehr bleibt daher immer möglich, um so mehr da es keinem Staate, am wenigsten dem unsrigen irgend möglich ist, alle seine wehrhaften Leute gleich in den Linientruppen aufzustellen, denn so würde dann z. B. der preußische Staat nach seinem jetzigen Umfange beinahe 300,000 Mann in die Linienarmee auf einmal einstellen müssen, welches doch unausführbar ist." In einer Nachschrift fügt Dohna noch hinzu: „Trotz der guten Nachrichten, welche eingegangen, ist die schleunigste Formirung der Landwehr auf jeden Fall sehr nöthig und von höchster Wichtigkeit. Stein hat ganz Recht, wenn er behauptet, daß nur diese Maaßregel allgemein durchgeführt und die Androhung des Landsturms Napoleon und sein Heer in den alten französischen Gränzen halten kann."

Aber selbst gegen Ende des Februars 1813 war es noch ungewiß, ob der entworfene Landwehrplan wirklich in Ausführung kommen werde, denn am 26. b. M. schreibt Dohna seinem Bruder aus Königsberg: „Die General-Commission für die preußische Landwehr hat ihre Thätigkeit seit einigen Tagen begonnen; es wird derselben aber dergestalt thätig entgegengewirkt, daß aus allem nichts werden kann, wenn nicht schleunig * * * als Stellvertreter mit der außerordentlichsten

Machtfülle ausgerüstet auftritt. Die Menoniten hatten fort=
während ihre Widerspenstigkeit gegen die Landwehr geäußert
und General York hatte daher noch vor seiner Abreise von
hier sie von der jetzt bevorstehenden Formation der Landwehr
entbunden, dagegen aber festgesetzt, daß sie binnen vier Wo=
chen liefern sollten erstens 500 Pferde oder 70 Rthlr. für
jedes Pferd zum neuen Cavallerie=Regiment; zweitens die
Summe von 25,000 Rthlr. zur Errichtung der Landwehr.
Diese Festsetzung des General York scheint mir sehr gut und
zweckmäßig, denn es ist hart, auch nur dem Scheine nach
dem Glauben eines Menschen Gewalt anzuthun, sogar wenn
dieser Glaube schlecht wäre und man hätte doch nichts von
den elenden Kerlen gehabt. Da die Landwehr ein ächtchrist=
liches Institut ist und nur durch religiösen Geist siegen kann,
so ist es gewiß nöthig, daß man keine Juden darin auf=
nimmt, dieselben aber mit dem Gelde, welches sie während
und durch die Unglückszeit sich gesammelt haben, recht ver=
hältnißmäßig bedeutend sich loskaufen läßt. Dieß müßte vom
Könige stark und deutlich bestimmt werden. Auch die Meno=
niten werden eher nichts thun, bevor eine solche feste Bestim=
mung nicht vom Könige erfolgt."

Wenige Tage darauf kommt Dohna in einem andern
Schreiben an seinen Bruder auf den nämlichen Gegenstand
zurück. Nachdem er von der nothwendigen Ernennung eines
Civil=Statthalters für Preußen mit ausgedehntester und un=
umschränktester Vollmacht für die Zeit des Krieges gesprochen
und berichtet, in welchem edlen Geiste und mit welchem Ei=
fer in Litthauen bereits für die Landwehr gewirkt werde, fährt
er fort: „Zur Inschrift auf dem auf der Mütze der Land=
wehrmänner zubefestigenden Kreuze würde auch der Gruß un=
serer alten Könige an die Huldigungsmänner vom Throne:
„Gott mit uns" passen. Aber vor allen Dingen muß man
es festhalten, daß eine Landwehr ein ächtchristliches Insti=
tut ist und daß nur durch den Glauben der rechte Geist in
die Landwehr kommt, indem nur allein dadurch dieselbe fähig
wird, ihre Bestimmung zu erfüllen. Mithin müssen diejenigen
Christen, welche im Punkte der Vertheidigung des Vaterlan=
des einen verworfenen Glauben haben, nämlich die Menoni=
ten und die Unchristen, die Juden von der Landwehr ausge=
schlossen werden. Auch nach der Überzeugung von Schön ist
es sehr weise, daß York bereits die Menoniten von der jetzi=
gen Formation der Landwehr dispensirt hat."

Mittlerweile hatte Graf Ludwig Dohna in Breslau die
Sache im Ganzen durchgekämpft, denn als er dem General

Scharnhorst endlich es überließ, die Linie zuerst zur möglichst größten Vollständigkeit zu bringen und hiezu alle Mannschaft auszuheben, die er nur irgend nöthig finde, mit dem Gesuche, er möge dann wenn dieses geschehen sei, keine Hindernisse entgegenstellen, daß Preußen noch überdieß 30,000 Mann als Landwehr rüsten dürfe, interessirte sich nun auch Scharnhorst für die Sache der Landwehr und griff den Gedanken selbst mit Wärme auf. Da schrieb Ludwig Dohna seinem Bruder am 28. Februar aus Breslau: „Nun leidet es übrigens keinen Zweifel, daß unsere Plane angenommen sind, wenngleich im Allgemeinen für unsere Nachbarn Grundsätze aufgestellt werden, die von den unsrigen etwas abweichen und nach denen wir uns so viel als möglich fügen sollen. Hier in dieser Provinz will man der Sache nicht rechten Geschmack abgewinnen. Bereite nur alles gehörig vor, damit nach meiner Ankunft die Übungen gleich beginnen können." Nach wenigen Tagen meldete Ludwig Dohna in einem andern Briefe: „General Scharnhorst ist ins Hauptquartier gereist und dürfte morgen (3. März) zurückkommen. Meine Abfertigung hängt von seiner Rückkehr ab. Die General-Commission sollte uns Anfangs gestrichen werden; da ich aber die feste Überzeugung habe, daß sie zur Ausführung des Planes unentbehrlich ist, so habe ich ehrlich gesagt, daß ohne sie nichts aus der preußischen Landwehr werden würde. Nun habe ich Hoffnung, daß man sie uns lassen wird. Nächstens erscheint eine Auffoderung an alle Provinzen die Landwehr betreffend und dieser sollte unser Plan angepaßt werden, ohngeachtet der großen Verschiedenheit, die in der Verfassung und dem Geiste der Bewohner der Provinzen stattfindet. Man wünscht hier lebhaft, die Preußen möchten einen Theil ihrer Landwehr auf Kosacken-Art beritten machen. Ich habe versprochen, meinen Landsleuten diesen Wunsch bekannt zu machen, und wenngleich ich die Überzeugung hätte, es würde dieses immer eine höchst erbärmliche Cavallerie bleiben, so würde ich alle möglichen Mittel anwenden, den Wunsch zu erfüllen."

Graf Dohna hatte während dessen in Preußen mit aller Anstregung an der Verwirklichung des Planes fortgearbeitet. Allein das mehrfache Widerstreben und die außerordentlichen Schwierigkeiten, die sich dem Werke entgegen legten, schienen seine Kräfte fast zu übersteigen. Er meldete dieses seinem Bruder nach Breslau, der ihm am 13. März 1813 antwortete: „Nun kann ich mit Bestimmtheit versichern, daß die Landwehr in der ganzen preußischen Monarchie sehr energisch eingeführt und in wenigen Tagen das Gesetz darüber ausge-

fertigt werden wird. Es weicht nur wenig von unſern preu=
ßiſchen Vorſchlägen ab. Auch kann ich Dir unter der Hand
die Hoffnung geben, daß uns Preußen zur Belohnung für
die bewieſene Vaterlandsliebe geſtattet werden wird, einſtwei=
len unter Leitung unſerer ſelbſtgewählten General = Commiſſion
nach unſern angenommenen Grundſätzen die Landwehr zu or=
ganiſiren. Aber Du ſollſt und mußt an der Spitze der
General = Commiſſion bleiben. Es iſt der Platz, den Dir die
Nation ertheilt hat und auf welchem Du unendlichen Nutzen
ſtiften kannſt. — Mache ſo viele Voranſtalten zur Landwehr,
als irgend nur möglich und gieb allen Leuten die Überzeu=
gung, daß ſie gewiß zu Stande kommt. Auf jetem Falle
mußt Du der Sache nicht vor der beendigten Organiſation
untreu werden.‟

Dohna ward jetzt neu ermuthigt. Sein Werk war ge=
lungen. Der König genehmigte den Landwehr= und Land=
ſturmplan durch eine Kabinets=Ordre vom 17. März 1813,
ernannte zwei Tage darauf den Grafen Dohna zum Civil=
gouverneur der Provinz Preußen und übertrug ihm in Ver=
bindung mit dem Militärgouverneur die Ausführung des vor=
gelegten Bewaffnungsſyſtems. Über das Vorhaben Dohna's
als Freiwilliger in die Reihen des Landwehr=Bataillons des
mohrungiſchen Kreiſes einzutreten, äußerte der König durch
eine Kabinets=Ordre vom 7. April 1813 ſeine allerhöchſte Zu=
friedenheit; allein ſeine neue Stellung auf dem wichtigen Po=
ſten im Verlaufe des Krieges machte die Ausführung dieſes
Wunſches unmöglich. Sein Bruder Graf Ludwig dagegen
ward zum Anführer der oſtpreußiſchen Landwehr ernannt und
focht an der Spitze derſelben bei der Belagerung von Dan=
zig. Als Civilgouverneur wirkte Dohna mit ungemeiner Thä=
tigkeit theils zur Beförderung der Kriegsrüſtungen, theils für
die möglichſte Erleichterung der Laſten, welche das Land
durch die beſtändigen Durchmärſche und Kriegslieferungen zu
tragen hatte. Der König erkannte den Eifer und das raſt=
loſe Wirken, welches Dohna auch in dieſer Stellung an den
Tag legte. Durch eine Kabinets=Ordre vom 4. December
1813 ward das allgemeine Kriegsdepartement beauftragt, dem
Gouvernement zu Königsberg Sr. Majeſtät beſondere Zufrie=
denheit über das eifrige Bemühen zu erkennen zu geben, mit
welchem die Erſatzmannſchaft der Provinz Preußen dem Heere
zugeführt worden war; und unter dem 30. Mai 1814 erhielt
Dohna als neues Zeichen ſeiner Verdienſte um die Befreiung
des Vaterlandes das eiſerne Kreuz der zweiten Klaſſe am
weißen Bande.

Inmitten dieser eifrigen Thätigkeit aber traf ihn ein sehr schwerer Schlag, indem sein von ihm zärtlich geliebter Bruder, der Oberst Ludwig Graf zu Dohna, der als Befehlshaber der preußischen Landwehr sehr wesentlich zur Einnahme der Festung und Stadt Danzig beigetragen hatte und daselbst zum Commandanten ernannt worden war, im Januar 1814 zu Danzig starb. Dieses unerwartete traurige Ereigniß machte auf Dohna's gefühlvolles Gemüth einen um so tieferen Eindruck, je inniger die Liebe gewesen war, in der er sich zu diesem Bruder hingezogen gefühlt hatte, und gab seiner ganzen Gemüthsstimmung noch mehr als bisher eine besonders ernste Richtung.

Als hierauf am 3. Juni 1814 die während des Krieges bestandenen Civil- und Militär-Gouverneur-Stellen aufgehoben wurden, kehrte Dohna auf seinen stillen Landsitz Schlobitten zurück, behielt jedoch bis ans Ende seines Lebens das ihm durch das Vertrauen seiner Mitstände übertragene Amt eines General-Landschafts-Director von Ostpreußen. Auch in diesem Verhältnisse wirkte er zwar noch fort und fort mit unermüdlicher Sorgfalt, ächt vaterländischem Geiste und großer Freimüthigkeit auf das Beste des Landes vielfach ein; indessen lebte er von jetzt an doch weit mehr als je zuvor sich selbst und seinen näheren Umgebungen. Auf eine äußerst zarte und sorgfältige Weise nahm er sich besonders seiner bejahrten Mutter an, die auf ihren Finkensteinischen Gütern lebte, und trug durch Rath in äußern Geschäften, durch freundlichen, liebreichen und religiösen Zuspruch ungemein viel dazu bei, ihr die letzten Lebensjahre zu erleichtern und zu versüßen. Und als sie nachmals im Jahre 1825 durch den Tod von seiner Seite entnommen ward, wandte er seine zärtliche Sorgfalt seinen Geschwistern zu, die er immer mit herzlicher Güte bei sich aufnahm und mit freundlichem Zuspruch und Rath unterstützte. Seine jüngste Schwester, die Gräfin Christiane zu Dohna, nach der Mutter Tod bei ihm zu Schlobitten lebend, erheiterte ihm ganz besonders seine Tage durch ihr liebevolles Benehmen, und so ward einer seiner längst gehegten und sehnlichsten Wünsche erfüllt: die letzten Jahre seines Lebens in ländlicher Einsamkeit, in der Nähe seiner Verwandten und Freunde hinzubringen.

In dieser ländlichen Ruhe, die nur mitunter durch seine Geschäfte der General-Landschaftsdirection unterbrochen wurde, richtete er, vielfach durch die damaligen schweren, für seine äußeren Verhältnisse drückenden Zeiten berührt, sein Hauptaugenmerk auf sein und der Seinigen inneres religiöses Leben. Er beschäftigte sich seitdem neben der Lectüre politischer Schrif-

ten auch viel mit dem Lesen religöser Schriften und mit den
Erscheinungen der neuern theologischen Literatur, insofern sie
seine religiöse Fortbildung fördern konnten. Religiös, wie jeder
brave Mann es seyn muß, wußte er auch hier mit klarem
Blicke und feinem Tacte das Bessere von dem Unhaltbaren
auszuscheiden. Was er aus solchen Schriften in sich aufge=
nommen, beschäftigte dann oft Tage lang sein eigenes selbstän=
diges Nachdenken. Wie sich auf solche Weise der Fond sei=
ner religiösen Erkenntnisse und Überzeugungen immer mehr
bereicherte, so trug auch sein ganzes Leben und Verhalten das
Gepräge einer tiefbegründeten religiösen Gesinnung. Wer
ihn näher gekannt, weiß es, mit welchem festen religiösen
Muthe er alles Unglück und selbst die härtesten Prüfungen
ertrug, denen die Bewohner der Provinz Preußen damals so
vielfach unterlagen. So tief ihn auch die Schläge des Schick=
sals im ersten Augenblick erschütterten, so regten sie jeder Zeit
seinen Eifer, für das Wohl der vom Unglück Getroffenen Opfer
zu bringen, nur noch um so lebendiger auf. Man sah ihn
selten öffentlich und unter den Augen anderer Wohlthaten er=
theilen, und doch stand Dohna in dem Rufe großer Wohl=
thätigkeit und er verdiente diesen Ruhm. Nur seine vertrau=
teren Freunde wußten, daß er oft viel, ja mitunter wohl
mehr gab, als seine äußeren Verhältnisse zuließen. Er wußte
seine Freigebigkeit so zu verbergen und selbst den Schein
derselben auf andere zu werfen, daß es meist schwer war, in
ihm den Wohlthäter zu entdecken. Viele haben es nie erfah=
ren, daß es Dohna war, der sie Jahre lang mit unterstützte.

Durchdrungen von reinster Menschenliebe und von Ach=
tung der Menschheit in jeder auch noch so verschiedenartiger
Persönlichkeit bewährte Dohna in allen Verhältnissen gegen
seine Mitmenschen wahre und ächte Humanität; daher seine
edle Bescheidenheit gegen Obere, seine freundliche Offenheit
gegen Gleichgestellte, seine milde Herablassung gegen Unter=
gebene. Sein ungemein höfliches Benehmen konnte mitunter
beinahe in Verlegenheit setzen. So gerne und offen sich Dohna
in vertrauteren Cirkeln von bekannten Freunden mittheilte und
so lebendig seine Unterhaltung warb, wenn das Gespräch dann
auf einen interessanten und wichtigen Gegenstand der Religion,
der Wissenschaft, des Staates u. s. w. fiel, so still und ver=
schlossen konnte er oft scheinen, wenn er in Gegenwart jünge=
rer Personen oder solcher Leute, die er nicht näher kannte,
Bedenken trug, sich Äußerungen zu erlauben, welche leicht
falsch aufgegriffen, unrichtig angewandt oder von irgend schäd=
lichem Eindruck werden konnten. Zuweilen konnten Menschen,

gegen welche er selbst nach jahrelanger Bekanntschaft kein Ver=
trauen fassen konnte, in ihm ein so peinigendes Unbehagen
erzeugen, daß er auch selbst in seinem Aeußern die Spuren
davon nicht zu verbergen vermochte. Der Verfasser dieser
Zeilen ist einigemal Zeuge davon gewesen, daß Dohna in ei=
nem engeren Kreise von Freunden mitten in der lebendigsten
und vertraulichsten Unterhaltung durch das Erscheinen eines
einzigen Mannes plötzlich wie gänzlich umgewandelt, still,
schweigsam und verschlossen wurde. Er konnte zu keinem
Vertrauen gewinnen, in welchem er reine Sittlichkeit vermißte
oder Spuren des Uneblen und Gemeinen entdeckte. Haß ge=
gen Ungerechtigkeit, Gemeinheit und Selbstsucht sprach sich
bei ihm so nachdrücklich und rücksichtslos aus, wie es selten
der Fall seyn kann. Dabei spielte er keineswegs den über=
strengen Sittenrichter; am strengsten gegen sich selbst, beur=
theilte er oft die Schwächen und Gebrechen anderer mit gro=
ßer Milde und Schonung. In der Schule seiner morali=
schen Bildung, sagte er einst, lernt Keiner sich hier zum Mei=
ster aus.

Die ländliche Einsamkeit benutzte Dohna überdieß vor=
züglich auch für seine weitere geistige Fortbildung und Beleh=
rung. Er brachte einen großen Theil des Tages mit Lesen
der wichtigsten Erscheinungen der Literatur, selbst oft streng=
wissenschaftlicher Werke zu. In den Abendstunden unterhielt er
gerne seine Umgebungen mit verschiedener, von ihm immer sorg=
fältig ausgesuchter Lectüre und suchte so theils durch sie, theils
durch die darüber angeknüpfte Unterhaltung den Geist seiner
Freunde und Verwandten zu veredlen und zu erheben. Was
er gelesen, war dem wesentlichen Inhalte nach seinem Ge=
dächtnisse treu eingeprägt; und um den Faden des Gelese=
nen fester zu halten, pflegte er in seinen Büchern die erheb=
lichsten Stellen durch Striche, Zeichen und Randbemerkungen
anzudeuten, so daß es ihm beim spätern Nachschlagen dann
immer leicht wurde, zu sehen, was er aus einem Buche gelernt
und was er selbst beim Lesen gedacht hatte. Vorzüglichen
Werth legte er überdieß auf Unterredungen mit vertrauten
Freunden und Bekannten über literärische Gegenstände und
merkwürdige Zeitereignisse. Seine Mittheilungen waren dann
in der Regel ungemein lebhaft, energisch und beredt und zeug=
ten von einer außerordentlichen Gediegenheit des Urtheils.
Jedoch war nie zu verkennen, daß Dohna seine Bildung
vorzüglich nur auf historischem Wege gefunden hatte, denn
obgleich ein Mann, der der Idee fähig und sie zu halten im
Stande war, suchte er doch in jedem Falle nach Beispielen

und Vormännern, wodurch nicht selten sein Aufschwung ge=
lähmt wurde. So sehr ihn jede nur auf leeren Conventions=
verhältnissen beruhende Geselligkeit anwiderte, so gerne befand
er sich im Kreise von Männern, die ihm neue geistige Nah=
rung entgegenbrachten und denen er sich über seine Lectüre,
über die Erfahrungen seines Lebens oder seine Ansicht über
die Erscheinungen der Zeit frei mittheilen konnte. Nichts
haßte er daher auch in gesellschaftlichen Verhältnissen mehr
als das zeittödtende Kartenspiel.

Mit entferntern Freunden und Verwandten unterhielt er
einen lebhaften Briefwechsel, in welchem seine Mittheilungen
denselben Character wie in seinen vertraulichen Gesprächen
hatten. Wie er hier seine Meinung der des Freundes mög=
lichst unterordnete, seine Rede sich aber oft merklich änderte
und die Stimme, der Ausdruck seines Interesse und Gefühls,
sich auffallend erhob, wenn das Gespräch auf wichtige und
besonders religiöse Gegenstände fiel oder er beim Freunde eine
ihm unrichtig scheinende Ansicht vermuthete, so wurde in sol=
chen Fällen auch sein Briefstil gewöhnlich lebhaft beredt, auch
wohl hinreißend, kraftvoll und durchgreifend. Aber auch selbst
bei dem heftigsten Widerspruche, zu welchem ihn das lebhafte
Interesse an einer Sache führen konnte, sprach sich dann im=
mer wieder die ihm so sehr eigenthümliche Herzlichkeit und
Gutmüthigkeit aus.

Der Himmel über uns und die Natur um uns, sagte
er einst zu einem Freunde, sind außer der heiligen Schrift die
zwei lehrreichsten Bücher menschlicher Erkenntniß, und von
diesem Gedanken ergriffen, so wie für alles Schöne und Er=
habene sehr empfänglich, verweilte er gerne bei großen Natur=
gegenständen. Mit sinnigem Vergnügen und oft mit höheren
Betrachtungen, zu denen sein Geist sich durch eine Blume oder
eine schöne Frucht emportragen ließ, betrachtete er die herrli=
chen Gartenanlagen, die seinen ländlichen Landsitz so ungemein
verschönerten. Am liebsten verlor er sich zu seiner Erholung
auf einsamen Spaziergängen in die dunkelsten Gegenden des
Waldes. Er ließ deshalb auch jährlich durch mannichfaltige
neue Anpflanzungen die Umgebungen seines Schlosses immer
dichter und schattiger werden.

Von diesen ländlichen Umgebungen mochte sich Dohna
besonders in den letztern Jahren schwer auf lange Zeit tren=
nen. Nur wenn wichtige Geschäfte ihn nöthigten, besuchte er
die Stadt, gewöhnlich Königsberg, wohin ihn sein Beruf als
ostpreußischer General=Landschafts=Director führte. Rauschende
Vergnügungen und große Gesellschaften vermied er hier so viel

er konnte. Mit besonderer Hingebung und Liebe verweilte er dagegen dann bei seinen werthen Freunden und in Gesellschaft einiger der dortigen Professoren, mit denen er sich am liebsten über Gegenstände der Theologie, Staatswissenschaft und Geschichte unterhielt. Er erfreute sie dann auch durch seine Besuche und hörte gerne über die neuesten Erscheinungen der Literatur sprechen, um sie zu seiner Belehrung mit auf seinen Landsitz zu nehmen.

In seiner Jugend hatte er auch das Theater gerne besucht, besonders wenn große Künstler die Bühne betraten, denn nothdürftige Halbheit war ihm auch bei dramatischen Darstellungen von jeher sehr zuwider. Während seiner letzten Lebenszeit aber vermied er das Theater, selbst bei seiner Anwesenheit in Berlin. Seine Anforderungen in Rücksicht der schönen Künste waren überhaupt sehr hoch gestellt. Die Dichtkunst sprach ihn ganz besonders an; immer mit neuem Genusse und neuer Freunde las er vorzüglich Göthe's Schriften. Auch die geistreichen poetischen Erzählungen von Hoffmann und Tieck zogen ihn ungemein an. Die Malerei ehrte er, insofern sie den Ausdruck eines edlen und frommen Gemüthes darstellt; mit der Bildhauerei und Musik war er weniger befreundet. Die üppigen Mißbräuche der erstern aber und die bei der letztern oft vorkommenden Spielereien und Tändeleien waren ihm nicht nur im hohen Grade zuwider, sondern machten ihn gegen diese Künste überhaupt mißtrauisch und im Urtheile darüber selbst zuweilen ungerecht. Eine wahre Würde dieser Künste konnte er nur in ihrem hohen Ernste finden. Er fühlte es indessen selbst, daß sein innerer Kunstsinn aus Mangel an Gelegenheit nicht genug ausgebildet sey. Es war daher oft sein Wunsch, in Italien die Musterbilder der höchsten Kunstschöpfung einst kennen lernen zu können. Aber weder diese Reise, noch eine andere in die großartige Alpennatur der Schweiz kamen je zur Ausführung.

Wie so viele Gutsbesitzer Preußens nach den schweren Kriegszeiten durch Mangel an Handel und Verkehr, sowie durch das Sinken der Getreidepreise sehr verarmten, so gerieth auch Dohna in mancherlei drückende Verlegenheiten, die ihm manche trübe Stunde brachten. Indessen setzten doch auch diese Verhältnisse seiner gewohnten Freigebigkeit an Arme und Dürftige keine engere Gränzen und dem Kirchen- und Schulwesen auf seinen Gütern brachte er fortwährend bedeutende Opfer. Der König bewilligte damals den preußischen Gutsbesitzern Kriegsentschädigungs-Gelder. Dohna, obgleich selbst in schwierigen Vermögens-Verwickelungen, entsagte seinem Antheile zum allgemeinen Besten.

Der König aber würdigte auch in diesen stillen Jahren seines Lebens die großen Verdienste des edlen Mannes. Im Jahre 1818 verlieh er ihm den rothen Adler-Orden zweiter Klasse und im Jahre 1826 denselben Orden erster Klasse mit Eichenlaub. Als in demselben Jahre und demnächst einige Jahre später der König wiederholt verschiedene ausgezeichnete Landstände nach Berlin berief, um ihr Gutachten über die Einführung der neuen ständischen Verfassung in den preußischen Staaten zu vernehmen, war auch Dohna einer der Einberufenen und er zeichnete sich auch bei dieser Gelegenheit durch patriotischen Eifer, sowie durch tiefe Sachkenntniß ganz besonders aus.

Als hierauf die neue preußische provinzialständische Verfassung ins Leben trat und im Herbste des Jahres 1824 der erste Landtag zu Königsberg gehalten wurde, erschien Dohna, sowie auch auf den nachfolgenden Landtagen in den Jahren 1827, 1829 und 1831 jedesmal als Abgeordneter des Ritterstandes vom mohrungischen Kreise. Von mehren Seiten dazu aufgefordert hielt er beim Anfange, wie beim Schlusse jeder dieser Landtage mit der ihm eigenen Herzlichkeit und Lebendigkeit eine kurze Anrede, worin er seine Mitstände zur Einigkeit aufforderte und auf die Dankadresse an den theueren Landesvater antrug. Jedesmal ward dieser Antrag mit freudigster Zustimmung aufgenommen und so unter Segen und Dankgefühl die landtäglichen Versammlungen wie begonnen so geschlossen. Überhaupt genoß Dohna im ganzen Lande das allgemeinste und unbedingte Vertrauen, so daß der königliche Commissarius beim Schlusse des letzten Landtages erklärte: es gebe im ganzen Staate gewiß keinen Mann von solcher Popularität. Sämmtliche Abgeordnete bewiesen ihm bei jeder Gelegenheit die größte Aufmerksamkeit. Der dritte Stand hörte immer erst seine Stimme und stimmte ihm fast jeder Zeit unbedingt bei.

Dohna legte stets einen besonders großen Werth darauf, daß ihm das Zutrauen seiner Mitstände diese ihm vorzüglich theuere öffentliche Wirksamkeit überließ. Um ein getreues Bild davon zu geben, in welcher Art und Gesinnung er sich bei solchen Gelegenheiten öffentlich aussprach, mögen hier einige der erheblichsten Stellen aus einigen dieser Reden ihren Raum finden.

Auf dem ersten Landtage im November 1824 trat Dohna als ältester Abgeordneter des mohrungischen Kreises mit den

Worten auf: „Die erste Regung, welche aus der Mitte dieser edlen Versammlung (— ich bin überzeugt, aus dem innersten Gemüthe eines jeden meiner theueren Mitstände zu sprechen —) laut werden darf, kann und darf keine andere seyn, als die des Dankes gegen Se. Majestät, unsern allergnädigsten König und Herrn, des Dankes dafür, daß Se. Majestät geruhet haben, durch die Eröffnung der Provinzialstände des König=reichs Preußen eine Veranlassung herbeizuführen, mittelst wel=cher im Verlaufe der Zeiten immer mehr auch in diesem Lande sich eine wahrhaft ehrwürdige öffentliche Stimme ausbilden, sich immer großartiger entfalten und auf gesetzmäßige Weise an den Stufen des Thrones aussprechen darf, wodurch die zwischen dem Monarchen und dem Lande so glücklich beste=henden Banden des gegenseitigen Vertrauens und gegenseiti=ger Liebe und Treue immer mehr gestärkt und verherrlicht, die öffentliche Wohlfahrt erhöht und die Ehre des preußischen Namens vor Gott und den Menschen stets auf die erheben'dste und begeistigendste Weise gemehrt werden könne. Ich trage daher darauf an, daß eine verehrliche Versammlung den Be=schluß fassen möge, in diesem Sinne eine unterthänige Dank=schrift an Se. Majestät zu richten. In einem so höchst außerordentlichen Falle aber, wie der jetzige, und in einem Mo=mente, in welchem alle Gefühle in einem Punkte zusammen=treffen, dürfte es Ausnahmsweise am würdigsten seyn, über einen solchen Antrag abzustimmen durch herzliche Einstimmung in den Wunsch:

Gott erhalte den König und ewig blühe sein Haus! Hoch!!!“

Nachdem die Versammlung dreimal diesen Ruf mit Herz=lichkeit wiederholt, fuhr Dohna fort:

„Ja, würdige und gute Herren! Allesammt herzlichgeliebte Mitstände! wo solcher Ruf, so aus tiefster, treuster Brust er=klingt, wie dieser soeben aus dieser Versammlung ertönte, da wird auch stets neben der Liebe zum angestammten Herrscher=hause jede andere hohe Tugend erblühen und gegenseitig wer=den diese Tugenden sich steigern und höher verklären, — da wird es nie fehlen an Bereitwilligkeit zur Selbstaufopferung, die Gesetze der Gerechtigkeit und Weisheit werden nie über=hört werden, christliche Demuth und christliche Liebe werden sich lebendig erweisen und immer werden im Gewissen gegen=wärtig sein die Wahlsprüche unseres allerhöchsten Herrscherhauses:

Einem jeden das Seine! — und

Gott mit uns!

und jene Aussprüche der heiligen Schrift:

Wachet! Stehet im Glauben, seyd männlich und seyd stark!

Niemand suche, was das Seine ist, sondern ein jeglicher suche, was des Andern ist!

Den Geist dämpfet nicht!!!

Mögen fort und fort von Geschlecht zu Geschlecht solche Gesinnungen die Grundrichtung bilden jegliches Strebens, jegliches Thuns der Provinzialstände des Königreichs Preußens!

O Herr hilf! O Herr laß wohl gelingen!"

Nach Eröffnung des zweiten Landtages am 18. Januar 1827 sprach Dohna unter andern die Worte:

„Nach zwei abermals verhängnißvollen und schweren Jahren sind die Provinzialstände des Königreichs Preußen wiederum versammelt, um über die innern gemeinsamen Angelegenheiten von beinahe zwei Millionen der kräftigsten und treuesten Unterthanen der Monarchie zu berathschlagen. Die Erfolge menschlicher Unternehmungen stehen in der höhern Hand dessen, welcher allein weise ist, dessen, welcher allein recht richtet. Also nicht nach den einzelnen Erfolgen unserer Berathungen dürfen wir gerichtet werden, wohl aber nach dem Vaterlands=geiste, welcher sich wiederum auch in dieser Versammlung preußischer Stände bewähren und von derselben zurückströ=mend immer herrlicher sich steigern und immer mehrere von jenen Millionen dahin führen soll, den lebendigsten Antheil an den vaterländischen Angelegenheiten zu nehmen, dieselben aus ächt christlichem und deutschem Standpunkte immer tiefer und richtiger zu würdigen und in solchem Sinne mit Freu=digkeit und Muth dafür zu dulden und zu wirken. — Die vertrauungsvolle und gnädige Aufforderung unseres erhabenen Monarchen, welche uns hieher führt und uns gestattet, durch lebendigen Ideenaustausch solchen Geist zu nähren, immer reiner zu entwickeln und dadurch unserer theuersten Pflicht als Stellvertreter preußischer Stände zu genügen, wird gewiß als eine jener vielfachen Wohlthaten anerkannt, welche mit ächtköniglichem Sinne der König seinen treuen Preußen zuwendet."

Bei Eröffnung des dritten Landtages am 18. Januar 1829 sprach er unter andern folgendes bemerkenswerthe Wort:

„Die Vereinigung der Provinzialstände wird stets für den Vaterlandsfreund ein wichtiger Moment seyn. In diesen Ver=sammlungen entwickelt sich auf eine eigenthümliche Weise das Bewußtseyn eines gemeinsamen, über Alle verbreiteten vater=ländischen Lebens. Hier finden wir uns zusammen als Ver=treter eines Königreiches, welches sich des ehrenvollen Vorzugs

erfreut, einer Monarchie den Namen zu geben, die eben so
sehr durch Heldenmuth ihrer Heere, als durch die Größe und
Würdigkeit ihrer geistigen Grundrichtungen seit mehr als einem
Jahrhunderte die Hoffnung der Bessern, das Schrecken der
Schlechtern ist. Die Stände des Königreiches Preußen können nicht zusammentreten, ohne durchweht zu werden von jenem höheren vaterländischen Geiste, und die erste Regung desselben wird stets die des Dankes seyn gegen unsern Monarchen, welcher ein solches gemeinschaftliches Zusammentreten ins
Leben rief. Lassen Sie uns, herzlichgeliebte Mitstände! solches Dankgefühl ausdrücken durch Einstimmung in den Ruf:
„Gott erhalte den König, und ewig blühe sein Haus!"

Am Schlusse des dritten Landtages sprach er in seiner
Rede unter andern den herzlichen und frommen Wunsch
aus:

„Oft glaubte ich in unsern Sitzungen den Flügelschlag
eines guten, vaterländischen Geistes zu vernehmen, welcher mit
edler Selbstaufopferung und wie Preußens Adler kühn zum
Lichte heraufstrebte. Möge dieser Flügelschlag des guten, vaterländischen Geistes fort und fort in jeder künftigen Land-
tagsversammlung sich immer mächtiger vernehmen lassen. Möge
vor allen Dingen in diesem Königreiche der Glaube kräftiger,
das Gebet feuriger werden! Dann wird im vollsten Maaße
der Wunsch des alten Paul Gerhard in Erfüllung gehen:

>   Gott lasse seinen Frieden ruh'n
>   In unserm Vaterlande;
>   Er gebe Glück zu unserm Thun
>   Und Heil zu allem Stande!"

Daß eine solche Sprache ächtvaterländischer Begeisterung,
der treuesten Hingebung an das Königshaus und des innigsten Gottvertrauen tief in die Herzen seiner Mitstände ein-
bringen und von erhebenden Wirkungen seyn mußte, wer
sollte dieses nicht nachfühlen! Alles kam ihm daher auch im
Verlaufe dieser landständischen Berathungen mit vollem Vertrauen entgegen. Man sah ihn als den Mittelpunkt an,
durch welchen sich am leichtesten alle Interessen ausgleichen
ließen, denn nicht nur die Mitglieder des Ritterstandes, sondern sämmtliche Landtagsabgeordnete und ganz vorzüglich die
Deputirten des Standes der Landgemeinen legten auf sein Urtheil in den wichtigsten Angelegenheiten den größten Werth;
alle hörten gerne auf seinen Rath.

Während dieser Landtage, wie denn auch sonst so oft
Dohm nach Königsberg kam, erfreute er sich viel des Zu-
sammenseyns mit seinem vieljährigen Freunde, dem Wirklichen

Geheimen Rath und Oberpräsidenten von Preußen von Schön. Schon in den Jahren 1801 und 1802 hatten sie zusammen bei dem General-Directorium gearbeitet und waren damals Freunde geworden; besonders aber waren sie seit dem Kriegsjahre 1813 sich beide einander immer näher getreten, und gleiche Gesinnungen und gleiches Streben und Wirken für das allgemeine Wohl des Landes hatten sie von Jahr zu Jahr immer enger verbunden. Beide sprachen von einander nie anders als in der höchsten Achtung und vollkommensten Anerkennung ihres Werthes. Ihre Freundschaft beruhte auf einer von beiden selbst tiefgefühlten Wahlverwandtschaft ihrer Seelen. Dohna setzte in allem, was edel und groß in seinem Geiste ist, auf Schön sein vollstes Vertrauen und öffnete Niemanden so offen und hingebend wie ihm sein ganzes Herz, und Schön erklärte einst von seinem Freunde: er habe keinen Mann so durchaus reines Herzens und völlig unbefleckten Wandels gefunden, der mit Dohna irgend eine Vergleichung aushalten könne. Wenn also je so ward es in diesem Verhältnisse beider Männer wahr: Es ist das schönste Loos auf dieser Erde, wenn sich verwandte Geister finden!

Als am 18. Januar 1831 der vierte Landtag zu Königsberg eröffnet wurde, war auch Dohna, leider schon krank, zugegen. Er hielt dennoch wie gewöhnlich eine Anrede voll tiefer und kräftiger Empfindung des Dankes gegen Se. Majestät den König, worin es unter andern hieß:

„Mit diesem Dankgefühle verbindet sich aufs innigste die Erinnerung an die großen Züge in der Geschichte der preußischen Monarchie. Die glorwürdige Vereinigung des wahrhaft königlichen Sinnes unseres angestammten Monarchen und der unwandelbarsten Treue und hohen Begeisterung unseres Volkes veranlaßte, daß bereits mehrmals die Welt die Heldenthaten der preußischen Kriegsheere bewunderte, und öfterer noch mit der stilleren Bewunderung das redlich vereinte Fortstreben von König und Volk in immer herrlicherer Entwickelung der Gesetzgebung, der Administration und in jeglichem höheren Wirken wahrnahm. Der entschiedenste Wille, solche Treue, solche Begeisterung, solches Streben unwandelbar mit reinster und höchster Energie, in jeder geltenden Stunde herrlicher wie jemals von neuem zu bewähren, ist das innerste, eigenthümlichste, geistige Element jedes würdigen Landstandes des Königreiches Preußen, und gewiß sind wir bereit, auch in diesem Augenblicke solches gegen unsern Monarchen zu bekennen. Und so tönt in jeder Brust wieder der Wahlspruch des Geschlechts unserer Könige:

Gott mit uns! und mit voller Seele stimmen wir ein in den Ruf:

Gott erhalte den König und ewig blühe sein Haus!

Im Verlaufe der Landtags-Verhandlungen hatte der König die Gnade, ihn durch eine Kabinets-Ordre vom 26. Februar 1831 auf eine huldreiche Weise zum Stellvertreter des Landtags-Marschalls zu ernennen. Es war das letzte erfreuliche Ereigniß seines Lebens. Da er bei seinem rastlosen Eifer unter den vielen ihn treffenden Geschäften seine wankende Gesundheit durchaus nicht schonte, so nahm seine Anfangs weniger beachtete Krankheit bald einen gefährlichen Charakter an. Jeder neue Tag erregte bei seinen Freunden höhere Besorgnisse. In den Phantasien auf seinem Krankenbette beschäftigte sich seine Seele fortwährend theils noch mit den Angelegenheiten des Landtages, theils mit freundlichen Bildern in Beziehung auf den Umgang mit Verwandten und Freunden. Diese Traumgestalten, die Begleiter seines Geistes beim sanften Übergange aus diesem in ein besseres Leben, spiegelten obgleich schwach und unklar das ganze Bild seines Wollens und Wirkens noch einmal wieder, mit Gedanken für das Beste seines Vaterlandes und mit freundlichen und liebevollen Gefühlen für seine Geschwister und Freunde ging seine Seele in das Jenseits hinüber. Es war am 21. März 1831, als er einige Tage vor seinem zurückgelegten sechzigsten Lebensjahre, fern von seiner Heimath vollendete.

Durch ganz Königsberg bei allen die ihn kannten und verehrten, war es Ein Gefühl der tiefsten Wehmuth und Trauer, das sich der Seele bemächtigte, als die Nachricht seines Todes bekannt ward und es theilten dieses Trauergefühl bald die Tausende seiner Bekannten, Freunde und Verehrer durch das ganze Land. Die Gefühle der Hochachtung und Liebe, die dem Verstorbenen im Laufe seines Lebens so vielfach entgegengebracht worden, erwachten noch einmal in höherer Lebendigkeit in allen Herzen. Es war allgemein anerkannt: In ihm sey einer der Edelsten im ganzen Lande dahingeschieden.

Es sey einer der Edelsten des ganzen Landes dahingeschieden! Das war auch das Gefühl, welches sich bei seiner Beerdigung kund gab. Von der Burgkirche aus, wo die Leiche des Entschlafenen, der zu dieser Gemeine gehörte und mehre Jahre Präsident des Kirchencollegiums gewesen war, niedergesetzt und in einer ergreifenden Rede seines großartigen Wirkens und seines sanften Heimgangs in das andere Leben gedacht wurde, bewegte sich der Leichenzug durch den größten

Theil der Stadt. Außer einem Trauergefolge, das sich aus allen Ständen Königsbergs außerordentlich zahlreich und freiwillig anschloß) folgte in dem Landtags = Commissarius, dem Oberpräsidenten von Schön, dem treuesten Freunde des Verewigten, dem Landtags-Marschall und Ober-Marschall Grafen von Dönhoff, und in sämmtlichen Abgeordneten des Landtags der Leiche des Entschlafenen, das ganze Land. Einen so ehrenvollen Heimgang zur ewigen Ruhe war das ganze Land ihm schuldig; die höhere Fügung hatte ihm beschieden. Als unter dem Trauergeläute aller Kirchen der Stadt die Leiche des Vollendeten in der Haberbergischen Kirche an dem äußersten Ende der Vorstadt angelangt war, wurden hier von dem vieljährigen Freunde des Entschlafenen, Superintendenten Dr. Wald, mit tiefer Rührung des Herzens die letzten Worte des Segens über die sterbliche Hülle gesprochen. Von dort gelangte die Leiche am 26. März nach dem Schlosse Schlobitten, an der Gränze der Güter von den Kirchen = und Ortsvorstehern empfangen; und wurde am Tage darauf, nach einem Trauergottesdienste, wozu von nahe und fern her eine so zahlreiche Versammlung sich eingefunden, daß die Kirche sie kaum fassen konnte, dem Wunsche des Verewigten gemäß neben dem Grabe seines einst so heißgeliebten Bruders des Grafen Ludwig auf dem Kirchhofe zu Schlobitten zur Ruhe versenkt. Ein Jahr nach seinem Hinscheiden ehrte die ostpreußische General-Landschafts-Versammlung das Andenken des Entschlafenen durch den Beschluß, sein Gemälde in dem General-Landschaftssaale zu Königsberg aufstellen zu lassen. Das Bild ihres Directors hatte immer großartig und erhebend in ihrem Kreise gewirkt; der Dank der Edelsten seines Vaterlandes folgt ihm über die Gränze dieses Lebens nach und so lange es eine Geschichte Preußens giebt, wird Dohna's Namen mit hoher Auszeichnung und Achtung in ihr genannt werden. Er hat Großes gewirkt und groß vollendet!

Beiträge zur Kenntniß

des

General von Scharnhorst

und

seiner amtlichen Thätigkeit in den Jahren
1808 bis 1813

mit

besonderer Beziehung auf die über ihn in der Biographie
des verstorbenen Minister Grafen Dohna
ausgesprochenen Urtheile

von

H. von Boyen,

Königlichen Preußischen Kriegs-Minister außer Dienst.

———————

Berlin,
bei Ferdinand Dümmler.
1833.

Die eben so durch großartige Gesinnungen als rühmliche Thaten, besonders für Preussen denkwürdigen Jahre von 1813 und 1814, treten, durch neue Begebenheiten verdrängt, mit jedem Tage immer mehr in den Kreis der Vergangenheit, sie werden jetzt der Gegenstand schriftstellerischer Thätigkeit, die, sei es in einzelnen Lebensbeschreibungen oder allgemeinen Umrissen, die Resultate ihrer Forschungen in das Buch der Geschichte einträgt.

Bei dem Anfange einer solchen Uebergangsperiode kann es wohl nicht ausbleiben, daß zuweilen widersprechende Urtheile über einzelne Männer oder Handlungen erscheinen, bis die öffentliche Meinung das Für und Wider dieser persönlichen Ansichten geprüft hat und sich endlich auf diesem Wege ein festes Urtheil ausbildet.

Diese Verschiedenheit der Meinungen, die einen und denselben Menschen bald hoch bald niedrig stellen, liegt tief in unserer Natur, fördert in dem dadurch entstandenen Austausch der Ansichten den Gewinn der Wahrheit, obgleich sie doch auch zuweilen, besonders bei den noch lebenden Genossen einer solchen Zeit, peinliche Augenblicke erzeugt, wenn diese nämlich auf einmal Männer, die im Leben freundlich und Hand in Hand wirkten, gegen einander gestellt erblicken, den einen vielleicht auf Kosten des andern zu sehr erhoben sehen.

Eine solche trübe Empfindung ergriff mich, ich mag es nicht leugnen, als ich vor wenig Tagen in der von dem Herrn Professor Voigt herausgegebenen Biographie des verewigten Minister Grafen zu Dohna, unerwartet ein meiner Meinung nach zu scharf ausgesprochnes Urtheil über die kriegerischen Kenntnisse des General v. Scharnhorst, und sein Benehmen im Jahre 1813 in Breslau fand; ja, diese Empfindung ward noch verstärkt durch meinen persönlichen Standpunkt zu den so eben erwähnten Männern. Von ganzem Herzen ehre ich die patriotischen, großartigen Gesinnungen der in jener Biographie erwähnten beiden Grafen Dohna; fortdauernd gaben sie mir nur Beweise ihres freundschaftlichen Wohlwollens, ich schätze mich glücklich unter den lebenden Mitgliedern dieses ehrenwerthen Geschlechtes theure

Freunde zu zählen. Aber auch Scharnhorst ist ein Gegenstand meiner innigen Verehrung und daß um so mehr, da ich in jenen denkwürdigen Jahren durch meine damalige amtliche Stellung ihm sehr nahe stand, eine Menge von hier wichtigen Verhältnissen genauer als viele andere kennen lernte. Dieser letzte Umstand besonders wird mir ein Bestimmungsgrund, obgleich ich mich sonst wenig zum Schriftsteller geeignet fühle, den Versuch zu wagen: die wechselseitigen Verdienste der erwähnten Männer in jener Periode etwas genauer zu bezeichnen, wobei mich noch obenein der Gedanke leitet: daß, wenn es mir gelingen sollte, einige von dem Biographen ausgesprochene Ansichten zu berichtigen, ich dadurch auch zugleich dem hochgeachteten Geschichtschreiber von Preussen vollständigere Materialien geben würde.

Es ist meiner Meinung nach eine sehr schwierige Aufgabe, über einen solchen Karakter wie den von Scharnhorst, ein kurz absprechendes Urtheil zu fällen, es dürfte wenigstens dazu tiefe Menschenkenntniß, sehr umfassendes kriegerisches Wissen und eine genaue Bekanntschaft mit allen damaligen Verhältnissen nothwendig sein.

Weit entfernt bin ich daher auch diese Auf

gåbe hier lösen zu wollen, mein Vorsatz ist es nur zu der schönen Schilderung, welche der verstorbene General Clausewitz von dem Leben und Karakter Scharnhorst's uns bereits in der historisch politischen Zeitschrift gab, einige Beiträge zu liefern.

Durch meine früheren amtlichen Stellungen ist mir das Glück zu Theil geworden, den größten Theil der Männer, die sich in jener Zeit auszeichneten, nicht allein persönlich sondern auch durch Geschäftsverhältnisse näher kennen zu lernen. Es sind mir in diesem Kreise wohl berühmte Männer begegnet, die in einzelnen natürlichen Anlagen oder Zweigen des erlernten Wissens Scharnhorst überlegen seyn konnten, viele habe ich gefunden, die in der Gabe den Werth ihrer geistigen Mittel oder ihrer amtlichen Stellung, äußerlich geltend zu machen, ihm offenbar vorstanden, aber dagegen habe ich in diesem Kreise keinen begegnet: dessen Worte und Handlungen so wie bei Scharnhorst, immer nur die Ergebnisse eines vorhergegangenen ruhigen Denkens waren; keinen, der sich und seine Äußerungen so zu beherrschen verstand; keinen, der einer so großen persönlichen Resignation, sei es zur Beförderung der von ihm gepflegten Staatszwecke oder auch nur bereitwilliger

Anerkennung fremden Verdienstes, fähig gewesen wäre, und endlich keinen, der bei anscheinend weichen, selbst vernachläſſigten Formen, einen ſo unerſchütterlich feſten Willen in ſeiner Bruſt trug.

Dieſes beſcheidene Auftreten im Kriegerkleide, dieſes Nachgeben gegen fremde Meinungen, wenn ihm der Gegenſtand unerheblich oder blos in einem Streit um die äußere Form zu liegen ſchien, täuſchte daher auch das Urtheil der flüchtigen Beobachter, die das Erſcheinen eines großen Mannes nur immer durch Knalleffekte begleitet wähnen; heftige, leidenſchaftliche Menſchen haben daher, wie es mir vorkömmt, auch immer Scharnhorſt unrichtig aufgefaßt. Von dem Jahre 1808 bis zu dem Jahre 1812 habe ich mit geringen, durch Reiſen erzeugten Ausnahmen in einer täglichen, immer enger werdenden Amtsverbindung mit Scharnhorſt geſtanden und dabei gefunden: daß er in Geſchäften ſich niemals weiter als es gerade für den Augenblick nothwendig war, ausſprach; von einem ſogenannten ſich gehen laſſen, von einem Enthüllen aller ſeiner Pläne, dieſem Schwelgen in der Zukunft, welches ſchon mehr als einmal berühmten Männern ſchädlich ward, war niemals eine Spur, und dies geſchah zu einer Zeit, wo er bei den damaligen Verhältniſſen mit vollem

Vertrauen die wichtigsten Gegenstände mir übergab, wo er mir täglich Beweise freundschaftlichen Wohlwollens ertheilte, mit liebenswürdiger Offenheit über Privatverhältnisse und wissenschaftliche Gegenstände sprach. Es war dies eine Eigenthümlichkeit von Scharnhorst, die, wie es mir scheint, denn doch etwas für seine nicht gewöhnliche Besonnenheit und geistige Kraft sprechen möchte. Wenn jemand, den er auch sonst in anderen Verhältnissen achtete, etwas zu heftig auf die Enthüllung seiner für den Staat gefaßten Pläne drang, so konnte der gewiß sein, daß ihn der General durch nichts bedeutende oder einsilbige Antworten in eine ganz andere Richtung leitete und im Dunklen ließ. Ein vertraulicher Briefwechsel des Generals, den ich aus der Zeit seiner Reisen als ein schönes Andenken besitze, giebt mir mehr als einmal das Recht, die obige Ansicht auszusprechen. Diese Vorsicht hatte sich so mit Scharnhorst's Karakter verwebt, daß er sie vielleicht sogar zuweilen übertreiben konnte, aber immer leitete ihn die edle Absicht dabei: der Sache seines Königs durch kein unzeitig gegebenes Vertrauen Schaden zuzufügen, der Regierung in jener wechselnden Zeit nicht die Hände zu binden, indem er ihr die Freiheit erhalten wollte, jederzeit nach den Verhältnissen des Augenblicks zu handeln.

Wenn die obigen durch täglichen Umgang gegebenen Thatsachen, vielleicht eine ziemlich sichere Grundlage zur allgemeinen Beurtheilung des Generals bilden können, so scheint es mir, insofern ich es jetzt versuchen will, ähnliche Materialien zur Beurtheilung des militairischen Standpunktes Scharnhorst's und seines Benehmens im Jahre 1813 in Breslau, der Prüfung meiner Leser vorzulegen durchaus erforderlich, zuerst einige nothwendige Kriegesansichten und Erfahrungen in ihrer geschichtlichen Verbindung zusammenzustellen, da allein durch die Hinzuziehung solcher Mittel die streitigen Fragen genügend zu entscheiden sind.

Gewöhnlich werden Kriegeseinrichtungen oder Handlungen nur sehr fragmentarisch beurtheilt, man denkt nicht daran, die auf sie einwirkenden Verhältnisse zu würdigen und vergißt diejenige geschichtliche Verbindung im Auge zu behalten, welche allein das Untergehn alter, das Entstehen neuer Kriegeseinrichtungen deutlich macht, den fortdauernden Zusammenhang dieses Wechsels zeugt und dadurch die Gränzen bezeichnet, in denen der Kriegsgesetzgeber sich nur mit Nutzen bewegen kann. Jede

Kriegeseinrichtung hat den Zweck, die Anordnungen des muthmaßlichen Gegners, sey es durch Umfang oder inneren Werth zu überbieten und es sind zwei Haupttendenzen, eine physisch-mechanische und eine geistige, die hauptsächlich dieses blutige Spiel beleben. Ist die natürliche Kraft nicht mehr zureichend, dann strebt man nach besseren Waffen, hilft dieses nicht mehr nach ihrem kunstfertigem Gebrauch und sucht zuletzt durch Benutzung anderweitiger Staatskräfte die Zahl kunstfertiger Streiter, von woher es auch sey, auf's Aeusserste zu vermehren. Sind diese angegebenen Arten der Steigerung bis zu dem höchsten Punkte der in einem Zeitalter möglich ist, gelangt, dann beginnt das Kriegesstreben eine neue Bahn und sucht den kunstfertigen Gegner durch die Anwendung moralischer Kräfte und geistiger Hebel hauptsächlich zu überbieten, bis auch hier die Steigerung unmöglich wird, die Anspannung erschlafft und nach einiger Zeit entweder die physische Kraft oder eine neue bedeutende Kriegeserfindung ein augenblickliches Übergewicht giebt. Dieser Wechsel der durch die veränderten Staatenverhältnisse, Sitten und Erfindungen entsteht, ist vielfach in der Geschichte aufzufinden, er greift mehr als es bisher beachtet wurde in den Entwickelungsgang des menschlichen Geschlechtes ein; doch ist es hier nicht die Absicht ihn vollständig anzugeben, es wird genug zu dem vorliegenden Zwecke sein, die Hauptveränderungen in den Formen der bewaffneten Macht, bei den neueren Staaten hier flüchtig dem Leser ins Gedächtniß zurück zu rufen.

Nach dem Verfall der Ritterschaft als einzige bewaffnete Macht, gab es eine Zeit, in der die Landesbewaffnungen, in mehr oder minder geregelten Formen die übliche Streitmacht der europäischen Staaten bildeten. Nach den verschiedenen inneren Verhältnissen der Länder, theilten sich diese Bewaffnungen in zwei verschiedene Hauptarten, entweder gab es schon im Frieden gut geordnete über das ganze Land verbreitete derartige Einrichtungen, um im Kriege die streitfähige, eingeübte Mannschaft schnell zu versammeln, oder man begnügte sich mit eiligen, erst bei dem Annahen der Gefahr veranlaßten Aufgeboten. Diese Formen, so unvollkommen sie auch dem einseitigen Soldaten späterhin erscheinen konnten, blieben indeß so lange zur Landesvertheidigung vollkommen hinreichend, als die Staaten entweder durch bedeutende Gränzhindernisse geschieden, von ziemlich gleichem Umfange gegen einander, nur durch einen geringen äußeren Handelsverkehr unter einander in Berührung standen, oder in ihrem Inneren, durch fortdauernde Zwiste an einer vollständigen äußeren Entwickelung der Nationalkraft gehindert wurden.

Wenn ein Staat von schwächeren Nachbaren umgeben oder durch bedeutende Natur-Hindernisse von ihnen getrennt ist, so kann er auch noch heut zu Tage mit einer derartigen Landes-Bewaffnung auskommen, dies beweißt das Beispiel der Nordamerikanischen Freistaaten und der Schweiz; wollte man dagegen eine derartige Einrichtung etwa blos als Ergebniß der Regierungsform jener beiden Staaten ansehen, so müßte die Geschichte einwenden: daß in den verhältnißmäßig bedeutenden stehenden Heeren der alten Republik Holland, sich eigentlich das Vorbild für alle Europäischen Heere entwickelt hat, daß Genua und besonders Venedig in ihrer Blüthezeit ansehnliche Heere unterhielten und man könnte zu diesem allen noch die besoldeten Armeen der Republik Karthago hinzurechnen.

Verändern sich die früher geschilderten einfachen Verhältnisse der Staaten gegen einander, werden bestehende Reiche entweder vergrößert oder verkleinert, neue Staaten gebildet, die natürlichen

Gränzen mit willkürlichen vertauscht, durch zunehmenden Handel eben so der Wohlstand als die Objekte und Kräfte zum Kriege vermehrt, dann treten an die Stelle der bisherigen inneren Fehden, desto häufiger Staatenkriege und indem in diesem Ringen sich bald hier bald dort eine gefährliche Uebermacht entwickelt, helfen die Schwächeren neben den Landesaufgeboten sich zuerst mit fristweise gemietheten fremden Kriegern, bis derjenige Staat, welcher früher als die anderen über die nöthigen Unterhaltsmittel gebieten kann (in Europa Frankreich) ein stehendes Heer in den Kreis seiner bleibenden Staatseinrichtungen zieht und nach und nach die anderen Staaten zu nothwendigen Gegenmitteln zwingt. Dieses Erscheinen der stehenden Heere ist in mehreren Geschichtsperioden bemerkbar, es wird dann nur hauptsächlich nachtheilig wenn der Umfang und die Erhaltungskosten derselben über das wirkliche Bedürfniß hinausgesteigert werden, wenn die Heere selbst im Frieden ihre Bestimmung: den Krieg, aus den Augen verlieren, wie in den letzten Zeiten Roms, weichliche Sitten annehmen und bei dieser Verderbniß zuletzt einen Staat im Staate bilden wollen.

Für die später hier zu beurtheilende Fragen

ist es nicht unwichtig sich ins Gedächtniß zurückzurufen, wie in den verschiedenen Europäischen Staaten die älteren Landesbewaffnungen ihre Stellung neben den stehenden Heeren erhielten, und es lassen sich in dieser Hinsicht die folgenden Verschiedenheiten auffinden.

Sardinien, Portugal, Spanien ꝛc. behielten auch neben ihren stehenden Heeren fortdauernd, recht gut geordnete Landesbewaffnungen unter dem damals üblichen Namen einer Miliz bei, die nicht allein in allen Kriegen nützliche Dienste that, sondern auch zuweilen in einzelnen Gefechten die schlechter zusammengesetzten Heere ihrer Gegner überflügelte. Andere Staaten dagegen, wie z. B. Frankreich, behielten zwar auch eine über das ganze alte Land verbreitete Milizeinrichtung, brauchten sie aber hauptsächlich nur zu Besatzungsdiensten, Küstenbewachung oder auch Ergänzung des Heeres. Bis zu dem Tode Friedrich des Großen gab es in Preußen vier Land-Miliz-Regimenter, die in dem bairischen Kriege zum letztenmal versammelt waren; die hessen-kasselsche Landwehr kämpfte im siebenjährigen Kriege unter dem Herzog Ferdinand von Braunschweig ehrenvoll in mancher Feldschlacht. Außerordentliche

Aufgebote zur Landes-Vertheidigung gab es demnächst fast in allen Kriegen zur Seite der stehenden
Heere, sobald nur ein Augenblick der wirklichen
Noth eintrat. Nicht zu gedenken daß die ehema-
lige Reichsarmee doch eigentlich einem großen
Theile nach, nur als ein sehr mangelhaftes Aufgebot angesehen werden konnte, so darf man sich
in dieser Hinsicht z. B. nur erinnern: daß nachdem
in den letzten Regierungsjahren Ludwig XIV.
ihn das Kriegesglück verließ, er nach damaliger
Sitte ein Aufgebot des französischen Adels beabsichtigte, und das in Oestreich durch den Entschluß
der Stände, vorzüglich in Ungarn, die Regierung
mehr als einmal mit Landesaufgeboten bedeutend
unterstützt ward.

Man kann die Zeit nach dem hubertsburger
Frieden als den ungünstigen Wendepunkt für die
einseitige Behandlung der Streitkräfte ansehen.
Ein beispielloser Vertheidigungskrieg war glorreich,
durch das seine Zeitgenossen überragende Genie
eines königlichen Feldherrn geendet. Indem er
größtentheils seine Gegner durch geschickte Bewegungen beherrschte, waren die Wirkungen des Ge-
fechtes die Entwickelung des persönlichen Muthes,
im Verhältniß zu den früheren Kriegen, periodisch

wenn auch nur scheinbar in den Hintergrund getreten; Friedrich hatte selten die Mittel eine kühne Schlacht zu suchen, seine Gegner waren in der Regel froh wenn er sie in den wohl gewählten Stellungen ließ. Ein großer Theil der Soldaten aber sah in diesen Lokalverhältnissen allgemeine, für alle Zeiten gültige Kriegesregeln; er faßte die Thaten Friedrich's nicht nach dem sie belebenden Geiste, sondern nach ihren oft zufälligen Formen auf, bildete eine Kriegeskunst, doch leider nur für die Exerzierplätze und sonderte im Stolz auf dieses mühsame Kunstgebäude sich von dem fortschreitenden Entwickelungsgange der Zeit, der gerade in jener Periode neue Ansichten und persönliche Empfindungen bei den Völkern erzeugte. Die Kriegeseinrichtungen eines Landes und besonders die stehenden Heere können dann nur ihren Zweck erfüllen, wenn sie fortdauernd mit den Sitten des Volkes im richtigen Verhältniß bleiben, jede allgemeine geistige Entwickelung zu benutzen verstehen. Aber auch die Civil-Administrationen und die weichlicher werdenden Sitten der wohlhabenden Stände boten treulich die Hand zum Verfall nicht allein der bestehenden Kriegeseinrichtungen, sondern auch eines männlichen Nationalgeistes; denn indem

dem auf ihre fortdauernden Anträge die Ausnahmen von der Kriegesverpflichtung sich mit jedem
Jahre häuften, verschlechterten sie nicht allein den
Geist der Heere, sondern auch den des Volkes, da
die Selbstständigkeit der Staaten so wie die persönliche Ehre jedes Individuums bei fortschreitender
Bildung nur durch eine allgemeine Kriegespflicht
gesichert ist.

Es war daher kein Wunder daß bei dem
Zusamentreffen mit den Französischen Aufgeboten
die Heere der Verbündeten, als allgemeines Ergebniß nicht das leisteten, was die Krieger gehofft,
die Völker erwartet hatten. In der Zusammen-
stellung der Französischen Schaaren war allerdings
durch die Vereinigung geistiger und physischer Kraft,
welche die Konscription gemeinschaftlich in Reih'
und Glied stellte, ein neuer und sehr bedeutender
moralischer Hebel entwickelt, doch wäre derselbe
trotz seines unbestrittenen großen Einflusses vielleicht
nicht allein zur Lösung der ihm zugefallenen Aufgabe hinreichend gewesen, wenn außer der überlegenen Stärke der Französischen Streitkräfte, nicht
zu gleicher Zeit wenig Einheit in den Plänen
der Verbündeten stattgefunden, in ihren Heeren
sich mehr Exerzier- als Gefechtsfertigkeit und bei

den Anführern kein Ueberfluß an Feldherren gezeigt hätte.

Während diesem Zusammentreffen von ungünstigen Ereignissen, deren Ursachen zwischen Militair,
Politik und Administration ziemlich gleich vertheilt
sind, wurde die öffentliche Meinung sehr natürlich
gegen die stehenden Heere bis zu häufiger Ueber-
treibung aufgeregt, indeß in dem Kreise der ge-
schichtlich gebildeten Kriegsleute nach und nach die
Ueberzeugung reifte daß

1. das bisherige Treiben der stehenden Heere,
ihre Zusammensetzung, Behandlung, Taktik,
Friedensbeschäftigung, Bildung und Beförderung der Offiziere 2c. einer durchgreifenden
Umbildung bedürfe und daß

2. ein stehendes Heer allein, ohne die Unter-
stützung einer schon im Frieden zweckmäßig
gebildeten Landesbewaffnung, nicht mehr die
Aufgabe der Landesvertheidigung gegen Uebermacht zu leisten im Stande sei.

Wenn auch strategische, moralische und finan-
zielle Gründe für diesen in dem größten Theil der
militairischen Schriften jener Periode ausgesprochenen Satz entschieden, so war es doch wiederum
sehr natürlich, daß Vorurtheil, Gewohnheitsliebe 2c.

aus allen Ständen dagegen kämpften. Ein Theil der Offiziere konnte sich nicht daran gewöhnen, die Mitglieder einer Landesbewaffnung, die neben einem andern Erwerb nur zu gewissen Zeiten des Jahres die Waffen ergreifen, als ebenbürtige Brüder anzusehen. In allen den Ländern in denen noch Unterthänigkeit oder gar Leibeigenschaft statt fand, kämpften sehr häufig die Gutsherren oder mehr noch ihre Verwalter gegen den Versuch bleibender Landesbewaffnung, da der Wehrmann oder Milizer sich als ein Vaterlandsvertheidiger, nicht als ein an die Scholle gefesseltes Wesen zu fühlen anfängt. Ja selbst die unter der Zeit herangewachsene Uebermacht Napoleon's, der sehr richtig die Gefahr, welche ihm aus Landesbewaffnungen hervorgehen würde durchblickte, verbot, wo es ihm möglich war, geradezu die Einführung derselben. Wo also zweckmäßig eingerichtete Landesbewaffnungen, sei es innerer oder äußerer Verhältnisse wegen nicht ausführbar waren, wo neben dem Umfange eines durch äußere politische Einwirkung bestimmten nur kleinen stehenden Heeres, wie dies im Jahre 1808 in Preußen der Fall war, man erst bei dem Ausbruche eines Krieges den Versuch außerordentlicher Bewaffnungen wagen konnte; da stellte sich für den erfahrnen Feldsoldaten mit Berücksichtigung der verschiedenen Arten des Krieges, eine besonders in jener Zeit nicht ganz zu verwerfende Ansicht über den zweckmäßigsten Gebrauch einer nur schnell bewaffneten Volkskraft zur ernsten Prüfung dar. Nehmen wir hier für unsern Zweck vollständig hinreichend, drei Arten des Krieges

den Schlachten-,

Manoeuvre- oder Bewegungskrieg und

den Guerilla- oder kleinen Krieg an,

so zeigt es sich bei Berücksichtigung aller Verhältnisse, daß zu dem Schlachtenkriege, in dem alles durch große Gefechte erzwungen werden soll, (dem Systeme Napoleon's) ein erprobter Feldherr mit ähnlichen Unteranführern, große Kriegesfertigkeit und bereits im Gefecht erprobter Muth, vor allem aber die Gewißheit erforderlich sei, die Verluste welche ein derartiger Krieg in jedem Gefecht an Menschen und Material reichlich erzeugt, immer schneller als der Gegner, ersetzen zu können.

Bei dem Manoeuvrekriege, in dem künstliche Bewegungen die Schlachten zum Theil vermeiden oder sie nur unter vollständig günstigen Umständen herbeiführen sollen, (dem Systeme des großen Friedrich's) wird neben einer dazu günstigen

Landesart, ebenfalls und mehr noch das Erforder-
niß eines genialen wirklichen Feldherrn und erfahrner Unteranführer hervortreten und zugleich
eine große Kunstfertigkeit und Gehorsam in allen
Theilen des Heeres nothwendig sein, damit der
Feldherr in jedem Augenblick der unbedingten
Ausführung dieser oder jener Bewegung, die oft
über ihn und den Staat entscheidet, gewiß sein
kann. Nur bei dem Guerilla- oder kleinen Kriege
ist die künstliche Kriegesfertigkeit nicht ein so vor-
herrschendes Bedürfniß, und treue Vaterlandsliebe
so wie persönlicher Muth können den Mangel
desselben zum Theil ersetzen.

Nach diesen obigen Schilderungen wird sich
nun ein unbefangenes Urtheil doch vielleicht dahin
vereinigen: daß die jedesmalige Wahl einer von
den so eben angedeuteten Kriegesarten nicht immer
von dem einen Theile allein, sondern auch von dem
Gegner, besonders wenn dieser der Stärkere ist,
abhängt; daß bei dem Schlachten- und Manoeuvrekriege die stehenden Heere und vollständig im Frieden gebildeten Landesbewaffnungen, gegen neue Aufgebote den Vorzug verdienen; daß man endlich
ganz frische, wenig gebildete Aufgebote am vortheilhaftesten im kleinen Kriege und in richtiger

Verbindung mit den älteren Formationen verwenden könne. Nur indem man diese Kriegeserfahrungen fest im Gedächtniß behält, wird man selbst bei aller Verschiedenheit menschlicher Ansichten, doch einen ziemlich sicheren Maaßstab zur Prüfung der von Scharnhorst in Vorschlag gebrachten Anordnungen besitzen, und wir können gegenwärtig die Beleuchtung einiger über ihn in der Biographie des Grafen Dohna ausgesprochenen Urtheile versuchen.

Es wird dort Seite 26 der General Scharnhorst als ein so einseitiger, wenn auch gebildeter Soldat bezeichnet,

> „daß es kaum abzusehen sei, wie in seinem Geiste die Idee einer Landwehr als Volksbewaffnung habe entstehen können,"

und als erste Veranlassung dazu wird sonderbar genug, seine Erziehung in der bekannten Militairschule des Grafen Bückeburg auf dem Wilhelmsstein angegeben. Wer war denn dieser Graf von Bückeburg? War es ein durch seine Pünktlichkeit im Kamaschendienst berühmt gewordener Grenadierhauptmann, der am Abende seines Lebens eine Pensions-Exerzieranstalt angelegt hatte? Nichts von alle dem, es war ein regierender Landesherr, den seine Zeitgenossen als einen ausgezeichneten philosophischen Kopf achteten, der aus freiem Willen, aber auch sehr eigenthümlichem Zwecke, sich die Ausbildung der Kriegeswissenschaft zur Aufgabe seines Lebens wählte, indem er eine gänzliche Umgestaltung der bisherigen Vertheidigungsanstalten der Staaten, wie wir dies weiterhin sehen werden, beabsichtigte und diesen Zweck mit jedem ihm möglichen Mittel zu erreichen strebte. Daß dieser Graf Bückeburg im siebenjährigen Kriege bei der Armee des Herzogs Ferdinand gleich als Feldzeugmeister ohne alle weitere Detailvorbereitung die Belagerung von Kassel mit den hessischen Truppen begann, soll hier weiter nicht entscheiden, sondern nur zeigen: daß er doch auch die Landwehr für brauchbar zur Lösung von Kriegesaufgaben gehalten haben muß und daß auf jeden Fall die Erlernung des kleinen Dienstes ihn nicht einseitig gemacht haben kann. Aber nun weiter, das erste Kriegesdebüt hatte dem Grafen Bückeburg ein solches Ansehen verschafft, daß ihn der König von Portugal zum Befehl seines Heeres rief, mit dem er trotz der schlechten Beschaffenheit desselben und der Ueberzahl der Feinde, doch einen recht geschickten Vertheidigungskrieg führte. Nach dem Frieden mußte er die Portugiesische bewaffnete Macht neu organisiren und da gab er nicht allein dem Linienmilitair eine für die damalige Lokalität recht gute Einrichtung, sondern verbesserte eben so zweckmäßig die Organisation der von Alters dort bestehenden Landmiliz. — In sein Land heimgekehrt, beschäftigte ihn hauptsächlich auf den Grund gemachter Erfahrungen, wie schon erwähnt, die Ausbildung der Kriegeswissenschaft, jedoch nur zu dem Zweck: die Vertheidigung des Schwächeren gegen Uebermacht zu erleichtern; er entwarf in dieser Hinsicht eine neue, vereinfachte Taktik, deren Vorrede in dem ersten Stück des neuen militairischen Journals 1788 ich wohl nachzulesen bitten möchte, da dies zur Beurtheilung der militairischen Ansichten jenes berühmten Mannes nothwendig ist. Noch mehr, von diesem Grafen Bückeburg hat man strategische Vertheidigungsentwürfe für einen großen Theil der damaligen kleineren Staaten, unter denen der für die Schweiz nach dem Urtheil der Eingebornen, vorzüglich sein soll; hierbei konnte er doch aber unmöglich auf das Linienmilitair der Kantone Zug und Uri gerechnet haben?

Selbst seine in dem steinhuder Meer angelegten Befestigungen hatten den Zweck: durch ein neues Befestigungssystem neue Vertheidigungsmittel praktisch darzustellen, sie waren für die Beförderung der Kriegeswissenschaft eben das, als wenn ein wohlhabender Mann zur Beförderung des Ackerbaues eine Versuchswirthschaft anlegt. Und ein solcher Mann sollte es beabsichtigt haben einseitige Krieger zu bilden? Ist dies überhaupt bei einem philosophischen Kopfe denkbar? Schon jeder Feldsoldat der durch eigene Erfahrung und die Geschichte geleitet, das Kriegeswissen auf die Staatenvertheidigung anwendet, kann und wird nie einseitig dieser oder jener Form der bewaffneten Macht den Vorzug geben, alle sind ihm nur Mittel zu seinem Zweck, die er nach Zeit und Umständen wählt. Wer mehrere der Männer kennen lernte, die auf der Kriegesschule zu Wilhelmsstein gebildet wurden, wird wohl zu der Ueberzeugung gekommen sein: daß sich gerade hier ein entschiedener Gegensatz gegen alles einseitige Soldatenwesen entwickelte.

Aber ganz abgesehen von der ihm zum Vorwurf gemachten Jugendbildung Scharnhorst's, ist es doch wirklich sehr verzeihlich zu fragen: wie war es in jener merkwürdigen durchlebten Zeit denn wohl denkbar, daß ein Mann wie der General Scharnhorst, nicht bereits über alle durch die

Kriegesgeschichte sattsam bekannten Formen der bewaffneten Macht; längst mit sich im Reinen sein sollte? Um dies zu verneinen, müßte man annehmen, daß eine solche Prüfung jedem Soldaten und also auch Scharnhorst unmöglich sei, daß der Gedanken an Volksbewaffnungen sich unerklärlich nun einmal in diesem Kreise nicht entwickeln könne. Doch glücklicherweise giebt die hier oft erwähnte Biographie selbst das Mittel um den Ungrund einer solchen Behauptung zu zeigen: die Oestreichische Landwehr des Jahres 1809 soll nach S. 24 jener Schrift, das Vorbild der Ostpreußischen Bewaffnungen geworden sein; von wem aber war diese Landwehr ins Leben gerufen? Hatte der Erzherzog Karl und der Hofkriegsrath dort nicht den Impuls dazu gegeben, und dies sollte von Scharnhorst und allen um die Vertheidigung ihres Vaterlandes besorgten Soldaten unbeachtet geblieben, spurlos, so wie jedes derartige frühere Geschichtsbeispiel an ihnen vorüber gegangen sein? Dies wird man doch schwerlich beweisen können.

Es ist eine sonderbare Verschiedenheit, daß, während die Biographie dem General Scharnhorst selbst die Idee zu einer Landwehr als Volksbewaffnung abzusprechen scheint, wiederum ein großer

Theil seiner Kriegesgefährten ihn für einen Gegner der stehenden Heere, für einen entschiedenen Beförderer der Volksbewaffnungen hielt. Die Schriften Scharnhorst's, wenn man sie mit Aufmerksamkeit liest, würden wohl am sichersten seinen Militairkarakter bezeichnen und so die streitige Frage entscheiden, da dies aber nicht jedermanns Sache ist, so wird es vielleicht zur richtigen Beurtheilung des obigen bedeutenden Widerspruchs am vortheilhaftesten sein, wenn ich hier den Versuch wage, die Ansichten des Generals über stehende Heere und wie man den Krieg gegen Napoleon führen müsse, im Zusammenhange zu zeichnen. Scharnhorst hielt nicht allein eine gänzliche Umbildung in der Organisation der stehenden Heere, in ihrer Behandlung durchaus nothwendig, sondern er glaubte auch: daß die Taktik aller Waffen nach dem neueren Kriegesbedürfniß und den Sitten jedes Volkes völlig umgearbeitet werden müßte; er hielt alles Haschen nach einem äußeren Schein und Effekt bei Ausführung der Evolutionen, der nur auf dem Exerzierplatze zu erhalten möglich ist, für höchst verderblich für den Krieg und also auch für die Heere; er erblickte in dem mechanischen täglichen Wiederholen einer Reihe von Evolutionen den Grund, woburch sowohl bei dem Soldaten als auch besonders bei den Offizieren nur die Fähigkeit des einseitigen Nachahmens geweckt, dagegen aber die ihnen durchaus nothwendige Kraft der schnellen Beurtheilung und selbstständigen Behandlung jeder Kriegeserscheinung unterdrückt wurde und glaubte in diesem mechanischen Treiben eine Haupturfache zu finden, weshalb die Musterbilder der Exerzierplätze zuweilen von viel weniger kunstgerechten Schaaren geschlagen würden. In allen diesen Dingen war Scharnhorst wirklich als ein Gegner der gewöhnlichen Beschäftigung in den stehenden Heeren anzusehen, dagegen aber hielt er: den Ordnungssinn, den Gehorsam, das Ehrgefühl und den kriegerischen Geist der sich bei richtiger Behandlung in den stehenden Heeren erzeugen läßt, sehr hoch und glaubte sogar, daß, je weicher die Sitten der Nationen werden, die Staaten desto mehr besonderer Kriegesanstalten bedürften, in denen eben so die Kriegeswissenschaft fortschreitend praktisch ausgebildet, als auch kriegerische Formen und Gesinnungen zur Selbstständigkeit der Staaten und Völker erhalten würden, und in dieser Hinsicht trennte er sich allerdings wieder von denen, die mit dem einzigen Worte „Volksaufgebot" alle politisch-militärischen Aufgaben eines

Europäischen Kontinentalstaats zu lösen glauben, da im Gegensatz von diesen, der General, ein nach den Kräften und der Lage jedes Landes richtig abgemessenes, zeitgemäß gebildetes Heer als den nothwendigen Kern jeder Landesbewaffnung hielt. Diese Ansichten waren, wie wir es gleich sehen werden, auch nicht ohne Einfluß auf seine Meinung, wie man einen Krieg gegen die damalige Riesenmacht Frankreichs einleiten müsse. Scharnhorst hielt bei dem Feldherrntalent Napoleons, bei der Schlachtenfertigkeit seiner Unteranführer und Heere einen offenen Feldkrieg mit ihnen nicht für vortheilhaft; er glaubte, daß man mit praktisch gebildeten Linientruppen und ihren möglichst starken Reserven sich um vorbereitete, wohl befestigte Stellungen bewegen, in ihnen im übelsten Fall eine Zuflucht finden und unter dieser Zeit, sowohl mit Streifpartheien als der dazu aufgemunterten ganzen Volkskraft einen unaufhörlich kleinen Krieg gegen die Ernährung und nächtliche Ruhe der feindlichen Heere führen müsse; erst dann, wenn auf diesem Wege der Gegner ermattet, das kriegerische Vertrauen im eigenen Heere und Volke gesteigert sei, dann erst hielt er es für angemessen nach dem technischen Sprachgebrauch in die Offen-

sive überzugehen. Dies war nicht allein die Grundlage seiner Ansichten für Preußen (dessen damaliger
Stellung ein solches System sich besonders empfahl)
sondern er benutzte auch jede Gelegenheit, sie den
Nachbarstaaten, und nicht ohne Erfolg, zu empfehlen; ja, als in Spanien sich eine ähnliche Krieges-
führung zu entwickeln anfing, verfolgte er mit be-
geisterter Theilnahme jede von dort her kommende
Kunde, weil er nur auf diesem Wege die Befreiung Europas am schnellsten erwartete. Es leidet
keinen Zweifel, daß man auch auf kriegeskünst-
lerischem Standpunkte, eine solche Aufgabe, wie
die damalige, mit andern Mitteln zu lösen versuchen könne, es ist sogar wahrscheinlich, daß wenn
ein Mann, z. B. wie Hannibal, an der Stelle
von Scharnhorst gestanden hätte, er anderweitige
strategische Pläne entworfen haben würde, aber
eben so gewiß ist es, daß das alte Rom seinen
Fabius für einen ausgezeichneten Krieges- und
Staatsmann hielt, ihn zu den Erhaltern des Staats
zählte. Hat denn aber Scharnhorst in dem
Zeitraum von dem tilsitter Frieden bis zu dem
Jahre 1813 nichts gethan, um über seine Ansichten in Hinsicht einer Landesbewaffnung urtheilen zu
können? Zur Beantwortung dieser Frage, die

dem, der in der Nähe des Generals ganze Lebens-
thätigkeit auf jenen Punkt gerichtet gesehen hat,
etwas auffallend vorkommen muß, erlaube ich mir
nur die folgenden Thatsachen anzuführen, indem,
wie es sich von selbst versteht, alle von Sr. Majestät gegebenen besonderen Verordnungen, so wie
alles, dessen Bekanntmachung mir nach meinen
früheren amtlichen Verhältnissen nicht angemessen
erscheint, hier ausgeschlossen bleiben und nur solche
Dinge, die entweder schon bekannt sind oder es
ohne Nachtheil werden können, die beabsichtigte
Auskunft geben mögen.

1. Als nach dem tilsitter Frieden ich zu den
Arbeiten der damaligen Reorganisations-Kommission
hinzu gezogen wurde und dadurch in ein näheres
Verhältniß mit Scharnhorst und Gneisenau
trat, habe ich in allen häufigen, vertraulichen Unterredungen mit diesen Männern nur immer den
Grundgedanken gefunden: daß, im Fall eines damals sehr zu besorgenden, überraschenden Angriffs
von Frankreich, man mit einer allgemeinen Landesbewaffnung für die Erhaltung des Königs und
seines Geschlechtes kämpfen und im übelsten Falle
nur mit den Waffen in der Hand ehrenvoll untergehen müsse.

Um jeden Schein einer einseitigen militairischen Einwirkung dabei zu vermeiden, hielt man unter andern bei einem solchen eintretenden Falle, durchaus einen aus dem Lande und nicht aus den Reihen des Heeres hervorgegangenen Anführer für nothwendig; indem die dazu im Lande geeigneten Männer gesprächsweise ins Auge gefaßt wurden, wankte die Wahl zwischen dem damals auf seinem Gute in Ostpreußen lebenden Herzog von Holstein, der sich schon im Jahr 1807 zu einem solchen Geschäft bereit erklärt hatte oder dem in Riga ohne Anstellung befindlichen nachherigen Staatskanzler Fürsten Hardenberg.

Unaufhörlich war Scharnhorst bemüht Terrainnotizen über die durchschnittenen Gegenden Preußens einzuziehen. Die damals von der Civiladministration beabsichtigte Bildung mehrerer landräthlichen Kreise in Ostpreußen und Litthauen, erschien dem General als eine wohl zu prüfende Gelegenheit: ob man nicht in denen durch ihre Beschaffenheit zum kleinen Kriege geeigneten Kreisen, erfahrene Offiziere als Landräthe anstellen könnte, um eben sowohl die Einwohner zu einem Nationalwiderstande anzufeuern, als sich auch bei dem Ausbruch des Kampfes gleich an ihre Spitze stellen zu können.

Ja

Ja die nachher so unrichtig beurtheilte Errichtung des Tugendbundes, hatte diese denn einen andern Zweck als eine Volksbewaffnung und den zu ihrem Gelingen erforderlichen Geist vorzubereiten? Bei diesen Thatsachen kann man nun freilich, obgleich doch nur als Wortstreit, zugeben, daß bisher nur von einer allgemeinen Volksbewaffnung ohne eine bestimmt ausgesprochene Form, noch von keiner Landwehr die Rede sei, zu dieser aber gehört

2. die auch S. 26. der Biographie erwähnte Absicht neben dem stehenden Heere eine Reservearmee als eine wohlgeordnete Landesbewaffnung zu errichten, die nur durch eine sehr entschiedene Erklärung von Frankreich verhindert wurde. Daß der Name Reserve-Armee, wie es die Biographie anzudeuten scheint, etwas Untergeordnetes bezeichne, kann der Krieger wohl nicht unbedingt zugeben, da man ja gewöhnlich nur aus Kerntruppen die Reserve bildet. Doch jeder Streit um derartige Benennungen scheint unnütz; wenn es in einem Staate einen Theil der bewaffneten Macht giebt, der nur zu den Uebungen oder dem Kriege zusam-mengezogen wird, der ein aus seiner Mitte hervorgegangenes eigenes Offizierkorps und in allen diesen Hinsichten eine von dem Linien-Militär ganz

getrennte Formation hat, dann ist es wohl ziemlich gleichgültig, ob eine derartige Landesbewaffnung, Miliz, Landfahne, Heerbann, Wybrantzen *), Landwehr oder Reserve genannt wird, da Zweck und Wirkung unter den oben angegebenen Verhältnissen immer dieselben sein werden. Ob der verewigte Minister Graf Dohna von dem eben erwähnten Plane Scharnhorst's, in Hinsicht einer Reserve-Armee, Kenntnisse hatte, kann ich, da Dohna noch in jener Zeit Präsident in Marienwerder war, allerdings nicht bestimmen, dagegen aber

3. als damaliges Mitglied des Krieges-Departements es versichern; daß der von Scharnhorst, Ende des Jahres 1809 und Anfang des Jahres 1810 versuchte Plan, die sogenannten Bürgergarden und besonders die Schützengilden über das ganze Land auszudehnen und so auf einem andern Wege eine Volksbewaffnung vorzubereiten, den ebenfalls wieder Französische Einwirkung hemmte, dem damaligen Minister des Innern nicht fremd

----

*) Wybrantzen nannte man in früherer Zeit in Ostpreußen die Landwehr, von Wybraniec „Auserwählter, Freiwilliger" abgeleitet. Die Rangliste des Jahres 1705 giebt den damaligen Bestand des Preußischen Heeres auf 46,951 Linientruppen und 20,000 Wybrantzen an.

geblieben ist, denn schon bei dieser Gelegenheit lernte ich die entschlossenen patriotischen Gesinnungen des Grafen Dohna ehren und lieben.

4. Eben so veranlaßte Scharnhorst, dem es überhaupt weniger auf die Form als auf die Belebung des Gedankens und die geweckte Kraft ankam, im Jahre 1811 den damaligen Major von Clausewitz eine Denkschrift auszuarbeiten, in der dieser dem Könige und Heer viel zu früh entrissene talentvolle Offizier mit der ihm eigenthümlichen Klarheit die großen Vortheile, welche die Mark Brandenburg durch ihre Terrainbeschaffenheit, in mehreren Gegenden zum kleinen Kriege darbietet, deutlich auseinander setzte und, wie ich es persönlich weiß und mehrere nennen könnte, dadurch auf Männer aus allen Ständen zu dem beabsichtigten Zweck höchst vortheilhaft einwirkte.

Vielleicht lassen sich auf den Grund der obigen leicht noch zu vermehrenden Thatsachen doch die folgenden Ansichten feststellen.

1. Scharnhorst war unaufhörlich bemüht den Gedanken an die Nothwendigkeit und Möglichkeit einer Volksbewaffnung zu verbreiten. Wenn ein vernünftiger Mann, welches Standes er auch sei, einen solchen Gedanken Jahre lang befördert, so

kann man doch wohl annehmen, daß er sich einen Plan über die Form in der diese Volkskräfte einst gebraucht werden sollen, gemacht haben wird, daß aber gerade ein Soldat nicht daran gedacht haben würde, wäre doch wirklich unbegreiflich.

2. Scharnhorst hat durch die vorhin angeführten Vorschläge zur Errichtung einer Reserve-Armee und der Verbreitung der Bürgergarden, es wohl deutlich gezeigt, daß er eine geordnete Volksbewaffnung wollte.

3. Wenn er in den letzten Jahren vor Ausbruch des Krieges nicht mehr von derartigen Plänen sprach, so geschah dies aus Achtung für seine Pflicht, damit der Staat in keine Verlegenheit gesetzt würde. Er begnügte sich in anscheinender Unthätigkeit, Verschanzungen anzuordnen, mit aller Kraft Waffen anzuschaffen, durch das Krümper-System Krieger auszubilden, und sah nun ruhig dem herannahenden Wendepunkt entgegen, da die alsdann zu wählende Form einer Landesbewaffnung sehr bald gefunden war. Entweder, man mußte sich durch die Umstände gedrängt, zum kleinen Kriege entschließen, oder, wenn man das Heer durch das Aufgebot verstärken wollte, die Leute der Landesaufgebote nach dem Beispiele alter und neuer Zeit,

in Kompagnien und Eskadronen eintheilen, diesen Hauptleute vorsetzen.

Nach meiner damaligen amtlichen Stellung glaube ich diesem allen noch hinzufügen zu können, wie es eine der schönsten Erinnerungen meines Lebens bildet, zu jener Zeit und lange vor dem Ausbruche des Krieges aus allen Provinzen und allen Ständen unzweideutige Beweise erhalten zu haben: wie der Gedanke an die Nothwendigkeit einer allgemeinen Landesbewaffnung mit jedem Jahre zunahm, mit jedem Monat sich weiter verbreitete, ja mit, Gott Lob, sehr geringer Ausnahme, endlich als die überwiegende Mehrheit der allgemeinen Volks-stimmung angesehen werden konnte. Der Kreis der edlen, hochherzigen Männer, die sich mir damals ver-traulich naheten, ist bereits bedeutend durch die Zeit verkleinert; hochachtungsvoll trage ich ihr Andenken in meiner Brust, nur an einige von den Vorausge-gangenen möge es hier zu erinnern erlaubt sein. Den Grafen Chasot, der nur in dem Gedanken lebte, mit einer Landesbewaffnung für die Wiederherstellung des Staates zu kämpfen; den verstorbenen Grafen Arnim auf Voizenburg, der auf den Fall eines Krieges seine Person und sein ganzes Vermögen zu den Füßen seines Königs legte, und eben so sei es mir vergönnt, unter vielen anderen Beweisen, freudig jener wackeren Landleute bei Magdeburg zu gedenken, die beinah unglaublich, von den mit Französischen und Westphälischen Schildwachen besetzten Wällen jener Festung ein drei Pfundiges Kanon fortschaften und es im Boden eines Schiffes wohlbehalten in Spandau ablieferten um, wie sie sich treuherzig ausdrückten: ihrem angestammten Könige mehr Waffen zu verschaffen. Ich bin stolz darauf in Ostpreußen geboren zu sein, und achte innigst den vielfachen Werth dieses eigenthümlichen Landes, aber die Vaterlandsliebe ist Gott Lob, ein, alle Provinzen unseres Staates gleich umschlingendes Band, es ist wechselseitig und dauernd gewebt durch dankbare Erinnerungen an unseren Herrscherstamm und durch oft bewiesene Volkstreue.

Nach den obigen zusammengestellten Erläuterungen bliebe bei dem hier angedeuteten Zweck es mir nun noch übrig, ähnliche Thatsachen, sowohl über die Errichtung der Ostpreußischen Landwehr, als auch über das Benehmen Scharnhorst's in Breslau zu einer weiteren Prüfung vorzulegen. Ueber den hochherzigen Entschluß des Grafen Dohna und der Ostpreußischen Stände, ist es mir nicht vergönnt, aus eigener Anschauung zu urtheilen

da ich damals in Breslau war, eben so wenig
scheint es mir aus den früher schon angegebenen
Gründen angemessen, amtliche oder vertrauliche
Notizen, die noch in meiner Erinnerung geblieben
sein konnten, dabei zu Grunde zu legen, dagegen
aber glaube ich die im Jahr 1815 bei Degen
in Königsberg gedruckte Vorlesung, betitelt „Preußens Landwehr", welche der Regierungsrath Vellhagen am 10. Mai jenes Jahres in der königlichen deutschen Gesellschaft hielt, deshalb ganz füglich zu Begründung meiner Ansichten anführen zu
können, weil Vellhagen selbst ein Mitglied der
zur Errichtung der Landwehr gebildeten Komission
unter dem Vorsitze des Grafen Dohna war und
in Aufforderung des damaligen Ober-Präsidenten
unter den Augen aller noch lebenden Theilnehmer
eine vollständige, mit amtlichen Angaben belegte
Geschichte der Ostpreußischen Landwehr und der
großen dazu gemachten Anstrengungen dieser Provinz gab. In dieser Vorlesung nun heißt es
Seite 10, daß der damals in Russischen Diensten
stehende Minister von Stein, mit einer Vollmacht von dem Kaiser Alexander versehen, von
den Behörden und Ständen

„Eine allgemeine Bewaffnung nach dem, von

Sr. Majestät dem Könige von Preußen in dem Jahr 1808 genehmigten Plan" verlangen sollte.

Es war ein rühmlicher Zug patriotischer Vorsicht, daß sowohl der General York als die Regierungsbehörden und Stände diese Angelegenheit aus den Händen des fremden Bevollmächtigten, selbst, wenn dies der Minister Stein war, fortnahmen und zu einer Preußischen Nationalsache machten; aber erlaubt ist es doch wohl nach jener so eben angeführten Stelle anzunehmen: daß schon lange vorher, ehe die Ostpreußischen Stände ihre patriotischen Gesinnungen aussprechen konnten, es einen Plan zu einer allgemeinen Landesbewaffnung gab, an dem, bei dem gerechten Vertrauen, welches Sr. Majestät der König dem General Scharnhorst schenkte, dieser denn doch wohl einigen Antheil haben mußte.

Die Biographie des Grafen Dohna glaubt, daß das Beispiel der Errichtung der Oestreichischen Landwehr im Jahre 1809 vorzüglich den Entschluß des verewigten Ministers bestimmt habe, es ist dies keineswegs unwahrscheinlich, aber eben so gut oder vielmehr gemeinschaftlich, könnte das Ostpreußen noch näher liegende Beispiel der Errichtung der Russischen Landwehr in den Jahren 1805, 1806 und 1812 mitgewirkt haben, da gerade in dem Augenblick, in dem man sich in Ostpreußen mit diesem Gegenstande beschäftigte, ein Theil der Russischen Landwehr zur ersten Einschließung von Danzig durch Preußen zog. Alle diese Beispiele, die sich noch bedeutend vermehren lassen, haben für mich auch keinen weiteren Werth als daß sie die damals durch ganz Europa verbreitete Ansicht über die Nothwendigkeit außerordentlicher Landesbewaffnungen beweisen, dagegen möchte ich lieber in dieser Hinsicht ebenso den Entschluß des Grafen und überhaupt jedes Preußen als auch Scharnhorst's selbst, der die Geschichte seines neuen Vaterlandes sehr genau kannte, aus einer rein vaterländischen Quelle ableiten.

Der verstorbene Minister Graf Hertzberg sagt in seiner am 29. Januar 1784 in der Akademie der Wissenschaften gehaltenen Vorlesung „Sur la Forme des Gouvernemens," Seite 26 ꝛc. über einen ähnlichen Gegenstand folgendes:

„Als nach dem Verlust der Schlacht von Kollin im Jahr 1757 die Mark Brandenburg und Pommern ohne Vertheidigung waren, sich der nur mit 800 Mann besetzten Festung Stettin ein

20,000 Mann starkes Schwedisches Heer nahete, versammelten sich, durch einige Patrioten aufgemuntert, die Pommerschen Stände aus eigenem Antriebe und boten dem Könige auf ihre Kosten die Errichtung von zehn Bataillonen Landmiliz, jedes zu 500 Mann an; sie fügten nur die Bitte hinzu: daß man ihnen Offiziere zur ersten Errichtung geben möge. Dies geschah auch in Stettin durch die Trümmer der in der Schlacht von Kollin ganz zu Grunde gerichteten beiden pommerschen Regimenter von Mannteufel und Bevern und durch eine Anzahl alter Offiziere, welche von ihren Gütern nach Stettin und Kolberg eilten, um entweder das Kommando der neu errichteten Bataillone zu übernehmen oder bei ihnen als Subalternen einzutreten. Die Provinzialstände der Mark Brandenburg folgten diesem Beispiele und bildeten auch zehn Milizbataillone, die von Magdeburg und Halberstadt viere, so wie auch jede dieser Provinzen außerdem noch eine Anzahl Husaren errichtete. Dies sind die vierundzwanzig Bataillone und Husareneskadronen, welche von den Ständen der genannten Provinzen den ganzen siebenjährigen Krieg hindurch freiwillig unterhalten wurden, die die Festungen Küstrin und Kolberg vertheidigt, Stettin und Magdeburg beschützt haben, den Kern der kleinen Korps bildeten, mit denen die Generale, Wedel, Belling und Werner die Provinzen gegen überlegen feindliche Streitkräfte im offenen Felde vertheidigten."

Von allen mir bekannt gewordenen Landes-bewaffnungen dürfte wohl keine eine größere Aehn-lichkeit als die des Jahres 1813 mit dieser des Jahres 1757 haben; beide entstanden durch einen gleich patriotischen Sinn, ein gleich ähnliches Be-mühen, den gefährdeten Thron zu schützen, eine gleiche Bereitwilligkeit auch ohne besondere Auffor-derung oder Beruf das Leben der Erhaltung des Vaterlandes darzubringen. Es ist hocherhebend solche Gesinnungen zu allen Zeiten und in allen Landestheilen eines und desselben Volkes zu er-blicken, darum laßt uns fortdauernd die Thaten der Väter ehren; in ihnen wurzelt am sichersten unser eigener Ruhm. Und wie könnte man wohl annehmen daß ein so patriotischer und gebildeter Mann wie der verewigte Graf Dohna, nicht diese wichtige vaterländische Thatsache gekannt, daß sie nicht frühe schon edle Keime der Nacheiferung in seine Brust gelegt hätte, die nur gestärkt und frisch belebt werden konnten, während er als Minister des Innern das gerade auf gleiche Zwecke gerichtete Streben des General Scharnhorst näher zu würdigen Gelegenheit hatte.

Wenn Seite 25 der Biographie der damalige Oberst von Clausewitz als hinzugezogener Mitarbeiter des Grafen Dohna bei Errichtung der Landwehr angegeben wird, so erlaube ich mir zur Vervollständigung dieses Verhältnisses noch folgende nicht ganz unwichtige Notizen hinzuzufügen. Der Oberst von Clausewitz war nicht allein einer der liebsten und talentvollsten Schüler des General Scharnhorst, sondern was in der Biographie zufällig vergessen ist, seit dem Jahre 1809 nicht mehr Adjutant Sr. Königlichen Hoheit des Prinzen August, sondern von dieser Zeit bis zu dem Jahre 1812 — Adjutant des General Scharnhorst und sein erster und vertrauter Arbeiter, besonders in den aus politischen Rücksichten geheim zu haltenden außerordentlichen Bewaffnungsplänen. Die Anhänglichkeit des Obersten an Scharnhorst und dessen Ansichten war so groß, daß Clausewitz sich unter keiner Bedingung zur Bearbeitung einer Einrichtung hingegeben hätte, die im direkten Widerspruch mit den ihm wohlbekannten Plänen des Generals stand; ich habe es daher auch als eine Gunst des Schicksals angesehen: daß in dieser wichtigen Epoche ein vorzüglicher Zögling Scharnhorst's sich gerade in Ostpreußen befand.

Aber auch alles dies, weil es Thatsachen sind, zugegeben, wie läßt sich dabei der durch Briefe belegte Widerstand Scharnhorst's in Breslau, gegen die Errichtung der Ostpreußischen Landwehr erklären? Ich glaube sehr gut, wenn man nur ruhig die damaligen Zeiten und Verhältnisse ins Auge faßt, die amtliche Stellung des Generals mit den daraus hervorgehenden Pflichten erwägt, dann scheint es lösen sich diese größtentheils nur anscheinenden Widersprüche nicht allein sehr leicht, sondern wie ich auch noch obenein hoffe, zum dauernden Ruhme von Scharnhorst. Bei Beurtheilung einzelner Vorgänge jener denkwürdigen Zeit, ist es besonders nothwendig, jeden einzelnen Tag sich bestimmt ins Gedächtniß zurückzurufen, da von dem früheren oder späteren Entstehen dieser oder jener Anordnung auch größtentheils das über sie zu fällende Urtheil abhängig ist. Die schon erwähnte Geschichte der Preußischen Landwehr von Vellhagen sagt Seite 10 und 11: daß die Ostpreußischen Stände sich den 5. Februar versammelten und als einen Beweis ihrer patriotischen Anhänglichkeit nach dem Beispiel von Oestreich, Rußland und Spanien die Errichtung einer Landwehr, zur Ermunterung dazu die Verbreitung der Schrift von Arend „was bedeutet Landwehr und Landsturm" beschlossen, ebenso aber zeugen auch die Gesetzsammlungen daß Se. Majestät der König den 3. Februar den Aufruf zur Bildung der freiwilligen Jägerdetaschements, den 9. Februar das Gesetz über die Aufhebung aller bisherigen Kantonbefreiungen erließ und dadurch ebenso den Krieg als die Tendenz aller in demselben zu unternehmenden Formationen bestimmte. Wenn nun der Graf Ludwig zu Dohna mit dem patriotischen Anerbieten der Ostpreußischen Stände auch in Breslau ankam, so kann man, ganz abgesehen von diesen so eben angeführten, bereits ins Leben getretenen beiden gesetzlichen Bestimmungen, doch wohl fragen: hatte denn der General Scharnhorst in dem Augenblick der Ankunft des Grafen Dohna in Breslau noch keinen Plan zur Landesvertheidigung? Es wäre ohne alle Rücksicht auf seine Pflichten und wahrscheinlich höheren Befehle denn doch höchst sonderbar, wenn ein Mann wie der General, dem seine Gegner vorwarfen daß er unaufhörlich über Kriegesplänen brüte, der den Krieg und die dazu nöthigen Erfordernisse wie nur irgend einer in allen Beziehungen kannte, sich mit dem kaum einem Fähnrich zu verzeihenden Leichtsinn nur mit der Errichtung von ein Paar Reservebataillonen ohne weitere Anstalten zur Landesvertheidigung begnügt haben sollte. Wenn aber ein Plan dazu da war, bereits durch Vorarbeiten auf den naheliegenden Punkten sich zu entwickeln anfing, war es denn die Sache eines Augenblicks ihn mit einem andern, der, wie wir weiter sehen werden, noch obenein verschiedene störende Bedingungen in sich trug, zu verschmelzen? Ich glaube, Jedermann der mit den Erfordernissen derartiger Geschäfte nur einigermaßen vertraut ist, wird dies für eine sehr schwierige, zeitraubende Arbeit ansehen, da es der höchsten Besonnenheit erfordert, um die Störungen, welche durch das Abändern gegebener Befehle in einer solchen Krisis erzeugt werden können, möglichst zu vermeiden. Doch noch eine andere und ebenfalls nicht unwichtige Frage bietet sich uns hier noch zur Prüfung dar: wie viele Menschen möchte es wohl geben, die auf einem solchen Standpunkte wie ihn der General damals hatte, mit der Verantwortlichkeit die dadurch auf ihm ruhete, so zuvorkommend geneigt sein würden einen seit Jahren reiflich durchdachten Plan mit anderweitigen, wenn auch sehr edlen Absichten zu verschmelzen? Ich kenne viele talentvolle Männer, denen ich diese Feuerprobe der Hingebung ihrer eigenen einmal gefaßten Gedanken doch nicht zutrauen möchte! Dies ist nicht Jedermanns Sache und nur ein Mann wie Scharnhorst konnte dies, der das ganze Gebiet der Kriegesmittel überschauend, einen geringen Werth auf die einzelnen Formen legte, weil er sie zur nöthigen Einheit zu leiten verstand.

Gab es denn aber keine politisch-militairischen Pflichten, die aus der besondern damaligen Lage des Staates hervorgingen und das Benehmen des Generals bedingten? Wir wollen es versuchen, diese, so wie sie jetzt offen zu Tage liegen, in kurzen Umrissen zu zeichnen.

Preußen begann damals gegen eine, trotz den Zerstörungen des Jahres 1812, noch immer sehr bedeutende Uebermacht den Kampf nicht allein, sondern mit einem Verbündeten und dem Wunsche: daß noch mehrere Mächte zu dieser Vereinigung treten möchten, dadurch aber entstanden für die Kriegesorganisationen Preußens folgende Rücksichten:

1.

1. So schnell als es nur zu erreichen war, mit der größtmöglichsten Anzahl regelmäßiger, formirter Bataillone, den Verbündeten, nicht allein zu den nahe bevorstehenden Schlachten zu verstärken, sondern auch den übrigen Mächten zu zeigen, welche Kriegeskraft Preußen in dieser Hinsicht noch entwickeln könne. So entschieden ich auch für meine Person den hohen Werth wohlgeordneter Landesbewaffnungen achte, sie heut zu Tage in den mehresten Staaten für unentbehrlich halte, so muß ich doch gestehen, daß in dem eben geschilderten Augenblick der politisch-offensive Zweck der überwiegende war, der nur durch die ungestörte Beschleunigung der bereits angeordneten Formationen erreicht werden konnte, da wir nicht bloß unsere Ansichten, sondern auch die der fremden Kabinette im Auge behalten mußten. Die Freiwilligen und Reservebataillone haben ehrenvoll bei Görschen und Bauzen mitgekämpft, der Landwehr wäre dies, bei allem bewundernswerthen Eifer, den man auf ihre schnelle Bildung verwendete, doch in mancher Hinsicht schwierig gewesen. Scharnhorst hatte also die Pflicht sehr genau zu prüfen, wie sich diese verschiedenen Formationen ohne hemmende Störungen gegen einander stellen würden, und dazu mußte er

die Ansichten von mehreren Lokalbehörden hören, er konnte sich keiner einzelnen Meinung ausschließlich hingeben und dies kostete Zeit.

2. War es Scharnhorst's Pflicht daran zu denken: was die Geschichte über die Kriege unter Verbündeten für Erfahrungen aufgezeichnet hat. Ein unerwarteter Wechsel in den Kabinetten, verschiedene Ansichten der Feldherren, neuentstandene Feinde in entlegenen Gegenden können die Streitkräfte der Verbündeten, selbst bei dem beßten Willen der Fürsten, in den entscheidendsten Augenblicken lähmen und die ganze Macht des Feindes auf den einen vorliegenden Theil der Verbindung wälzen. Daher war es bei einem Kampfe, in dem es sich offenbar um den Thron unseres Königs handelte, seine von ihm auch treu erfüllte Pflicht, neben dem verstärkten Linienmilitair die möglichst stärkeste Landesvertheidigung vorzubereiten, damit Preußen auch im übelsten Falle mit eigenen Kräften um Zeit zu gewinnen kämpfen könne, und eine solche Vertheidigung wollte er auf eine allgemeine, aus allen Waffen gebildete Landwehrformation stützen, die, wie ich es schon früher bei der Zeichnung der Kriegesansichten des Generals gesagt habe, bei Benützung der bereits befohlenen Ver-

schanzung aller haltbaren Punkte, erst im kleinen Kriege zu entschlossenen Feldsoldaten, heranreifen und alsdann mit dem Heere gemeinschaftlich auch in Feldschlachten kämpfen sollte. Ueberdem mußte Scharnhorst, der unseren Waffenvorrath genau kannte, sich sagen: bei dem kleinen Kriege kann man jede Waffe, selbst ein Jagdgewehr brauchen, in Reih' und Glied geht dies verloren, da dort die Einheit des Kalibers nothwendig wird; auf die nachherigen hinreichenden Zuflüsse von Schießgewehren aus dem Auslande, konnte man in jenem Augenblick in Breslau noch keinesweges mit Bestimmtheit rechnen. Dies alles waren doch wohl hinreichende Gründe, die es dem General zur Pflicht machten, den ihm vorgelegten Landwehrplan aus Ostpreußen unter allen erwähnten Beziehungen mit großer Vorsicht zu prüfen. Außerdem aber trug jener hochherzige Entwurf auch noch einzelne nicht unbedeutende Mängel in sich, die nothwendig vorher ausgeglichen werden mußten, ehe man ihn der Königlichen Genehmigung vorlegen konnte. Es war in dem ersten Anerbieten sehr zweifelhaft ausgedrückt, ob die Ostpreußische Landwehr auch außerhalb der Provinz gebraucht werden sollte; der Entwurf sprach ferner nur von

Errichtung von Infanteriebataillonen und dies in der pferdereichsten Provinz des Staates, während die Vermehrung der Kavallerie ein dringendes Bedürfniß war, endlich und sehr wichtig hatte man in dem Entwurf Stellvertreter zugelassen, da doch die bereits gegebenen Gesetze vom 3. und 9. Februar nicht allein von einer ganz anderen Grundlage ausgingen, sondern auch mit gesetzlich gewordenen Stellvertretern die ganze Idee des dem Volke angekündigten Krieges zerstört wurde. Ueber das geistige Element, den Hebel des ganzen Krieges, welches durch gesetzlich anerkannte Stellvertreter, besonders in einer damals errichteten Landwehr, unausbleiblich verloren gegangen wäre, hier noch weiter ein Wort zu verlieren, ist, wie es mir scheint unnütz, denn wer die Wirkung einer solchen geistigen Kraft jetzt noch nicht begreifen könnte, dem ist sie auch nicht zu beweisen, aber man lese unter anderem nur in der oft hier erwähnten Geschichte der Preußischen Landwehr Seite 19, welchen nachtheiligen Eindruck die Befreiung der Mennoniten bei ihren Nachbarn hervorbrachte. Mit zugelassenen Stellvertretern waren die so eben angeordneten Abtheilungen der Freiwilligen aufgelöst, und da diese Einrichtung, wie es wenigstens in der

Biographie des Grafen Dohna scheint, hin und wieder nicht ganz vollständig aufgefaßt wurde, so möge es mir erlaubt sein, jenen vorzüglichen Gedanken Scharnhorst's noch etwas näher zu bezeichnen. In dem Augenblick, in dem eine neue Anordnung ins Leben tritt, müssen Diejenigen welche sie entworfen haben, auf die verschiedenartigsten, oft tadelnden Beurtheilungen gefaßt sein; dies ist unvermeidlich, da nicht allein jede Einrichtung als menschliches Werk Mängel in sich tragen muß, sondern auch nothwendig liebgewordene Gewohnheiten und Einzelansichten stört; wenn aber die Zeit bereits Gelegenheit gab, über den Werth der Einrichtung nach ihren Wirkungen zu urtheilen, dann glaube ich, muß die Kritik die in den ersten Augenblicken entstandenen und niedergeschriebenen Urtheile sorgfältig berichtigen, ehe sie diesen eine Stelle in der Geschichte einräumt. Die folgenden Zwecke hatte Scharnhorst bei der Errichtung der Freiwilligendetaschements im Auge und die folgenden Klippen mußte er als erfahrner Feldsoldat und Staatsbeamter zu umgehen suchen; wir wollen zuerst sehen was dazu gehörte und dann wird sich wohl ergeben was er geleistet hat.

Gewöhnlich werden bei neuen Kriegsaufgeboten von nichterfahrnen Männern zwei Dinge verwechselt, die doch in sich sehr verschieden sind: nämlich Kriegesluft und Gefechtskraft. Die Erste ist gewöhnlich die Stimmung aller jungen, gesunden Leute, aller redlichen, ehrliebenden Menschen, die über den äußeren Druck ihres Vaterlandes ergrimmt sind, weil ihnen mit Recht die Erhaltung der Nationalehre als ein Heiligthum erscheint; oder auch solcher Personen, denen entweder nach ihrer geistigen Richtung oder ihrer individuellen Lage ein wenig Veränderung vortheilhaft zu werden verspricht. Eine so vortreffliche Grundlage nun die Kriegesluft, wenn sie sich in einem Volke ausspricht, unter besonnener Leitung auch ist, so folgt aus ihrem Dasein doch noch keinesweges, daß damit auch die erforderliche Gefechtskraft oder jene Stärke der Seele vorhanden sei, um mitten unter den Gefahren des Todes nicht allein den Befehl, sondern auch selbst den einzelnen Waffengebrauch mit thätiger, ungeschwächter Besonnenheit auszuüben. Man kann die Elemente, aus denen sich diese Kraft entwickeln läßt, mit einiger Wahrscheinlichkeit vorher schätzen, aber des Grades ihrer Brauchbarkeit nur erst nach wirklichen Proben gewiß sein; das heutige Italien z. B. scheint in mehreren Ge-

genden reicher an Kriegeslust als Gefechtskraft zu
sein, während diese selben Italiener in Napoleon's Legionen eingereiht, ganz gute Streiter
waren. Religiöse, Pflicht- und Ehrgefühle, selbst
etwas Furcht (obgleich dies das schlechteste von
allen Mitteln ist, wenn es allein gebraucht wird),
geben einen hohen Grad der Gewißheit, daß der
neue Krieger noch obenein durch militairische Formen gehalten, im ersten Gefecht auf seinem Posten
bleiben, ob er aber mit Besonnenheit thätig handeln werde, das ist die große, keinesweges am
Schreibtisch zu entscheidende Frage. Es giebt
einzelne, in dieser Hinsicht so reichlich ausgestattete
Naturen, daß sie, wie Karl XII., das zum erstenmal gehörte Pfeifen der Kugeln für ihre Leibmusik
erklären; es giebt leidenschaftliche Aufregungen in
ganzen Völkern, besonders bei Religionskriegen die
eine solche Höhe erreichen, daß jedem Streiter
das gemeinsame Ziel und nicht der Gedanke an
den Tod mit unwiderstehlicher Gewalt im Gefecht
zur Seite steht, und die dann auch gewöhnlich über
alle Feinde siegen, doch sind derartige Steigerungen
nach Anleitung der Geschichte, besonders seit Erfin-
dung des Schießpulvers, wirklich selten. Endlich
giebt auch besondere Landesbeschaffenheit, wie z. B.

in Tyrol oder der Vendee, oder auch Völker von ungeschwächter, etwas rauher Lebenssitte, einzelne Stände, deren Beruf mit Schießen und Gefahr schon vorher vertraut macht, wie z. B. Jäger und Seeleute eine große Bürgschaft, daß sich schneller als bei dem Gegner eine bedeutende Gefechtskraft entwickeln werde. Für alle allgemeinen, bei dem Ausbruch eines Krieges erst unternommenen neuen Bewaffnungen aber ist die Gewißheit der erforderlichen Gefechtskraft noch nicht da und für diese bleibt daher: eine Anlehnung an bereits bestehende kriegerische Körperschaften, ein solches Zusammenstellen der Neubewaffneten mit denselben, daß alle geistigen Hebel in Wirksamkeit treten müssen, und daß sie wo möglich nur Stufenweise in die Gefahr geführt werden, der durch vielfältige Erfahrungen vorgezeichnete sichere Weg, der den Kriegesgesetzgeber oft da zum sorgfältigen Ueberlegen zwingt, wo die unerfahrne Kriegeslust oder ein entfernter Standpunkt gar keine Veranlassung dazu entdecken können. Die frische, jugendliche Volkskraft bei dem ersten Versuch vor Unfällen zu bewahren, das ist in einer solchen Lage die wichtige Aufgabe hoher und niederer Befehlshaber, zu deren Lösung aber der Kriegesgesetzgeber mitwirken muß. Werfen wir demnächst nun noch einen Blick auf die Gewohnheiten und Ansichten, die die ältere Preußische Kriegesgesetzgebung in Hinsicht der Waffenpflicht durch einen langen Zeitraum begründet hatte. Die eigentliche Ergänzung des Heeres ruhete bis dahin nur allein auf dem ärmeren Bürger- und dem Bauerstande; durch den Adel wurden, mit geringen Ausnahmen, die Offizierstellen besetzt, und dieser hatte sich dagegen auch beinahe ausschließlich dem Kriegerstande gewidmet. Dabei aber war fast alles was zum gebildeten oder wohlhabenden Bürgerstande gehörte, durch eine Reihe von Jahren und Exemtionen der Vertheidigung des Vaterlandes entfremdet. Ohne ein allgemeines Aufbieten aller geistigen und physischen Nationalkräfte, war aber an einen glücklichen Krieg im Jahr 1813 nicht zu denken. Nicht blos weil es dann wirklich der Kopfzahl nach, an Menschen gefehlt hätte, sondern auch und hauptsächlich, weil nur durch den Zutritt und die richtige Vertheilung frischer geistiger Elemente, sich eine dem Gegner überlegene Gefechtskraft bilden ließ. Die Ausführung dieser Aufgabe war aber damals nicht so leicht, wie sie heute erscheint, wenn auch Seiner Majestät durch die im Jahre 1808 dem Heere gegebenen Kriegesartikel den eigentlichen

Grund zu einer besseren und höher gestellten Landesvertheidigung gelegt hatten, so waren deswegen doch noch nicht die älteren Vorurtheile gegen das Leben im Heere bei allen Ständen oder Familien verwischt. Man mußte, wenn man die gebildete Jugend zu den Waffen rief, den etwa besorgten Aeltern die Aussicht zeigen, daß die Berührung ihrer Söhne mit dem damaligen Heere nur bedingungsweise statt finden würde, man mußte den jungen Leuten, die, der Mehrzahl nach, von dem heimathlichen Heerde eher Vorurtheile als besondere Kriegesgeschicklichkeit mitbrachten, eine solche Stellung zu geben suchen, daß sie nicht wegen dieser Unvollkommenheiten, von denen ihnen physisch überlegenen älteren Kriegern entmuthigt und doch in ihrem eigenen, ihnen gegebenen Kreise, das Ehrgefühl und mit ihm die Gefechtskraft bis zu dem höchsten Punkt gesteigert würde. Man mußte endlich diesen gebildeten jungen Leuten die Gelegenheit geben sich durch eigene Erfahrung so schnell als möglich zu Offizieren zu bilden, weil dadurch nur der zu erwartende große Abgang von Anführern im Laufe des Krieges gedeckt werden konnte. Dies waren die Kriegesforderungen welche Scharnhorst durch die freiwilligen Detaschements so umfassend erfüllte; der edle Wetteifer, welcher sich zwischen den Linientruppen und den Freiwilligen jedem aufmerksamen Beobachter bemerkbar machte, erwarb der bewaffneten Preußischen Macht am Tage bei Görschen, auch ohne vollständigen Sieg, die Achtung des Feindes und bildete den Maaßstab, nach dem jeder Preuße, sei es in der Linie oder Landwehr, zur Erhaltung seiner Ehre, in dem ganzen Feldzuge kämpfen mußte. Nach dieser Auseinandersetzung scheint es doch: daß, wenn der General auch nur diese einzelne Anordnung Sr. Majestät dem Könige vorgelegt hätte, man ihm wohl nicht füglich den Ruf eines über alle Gewohnheitsformen erhabenen Kriegesgesetzgebers entziehen konnte, auch wohl zugeben mußte, daß er das Preußische Volk und die inneren Verhältnisse desselben etwas gekannt habe.

Es dürfte sich nun wohl für jeden aufmerksamen Leser der Standpunkt gefunden haben, von dem aus man Scharnhorst's angebliche Weigerungen gegen die Errichtung der Ostpreußischen Landwehr beurtheilen muß; von dem ersten Augenblicke an begrüßte er den Entschluß der Ostpreußischen Stände als eine schöne Bürgschaft für den glücklichen Ausgang des zu beginnenden Kampfes und sprach amtlich wie vertraulich (dafür kann ich mich verbürgen) nur mit der höchsten Achtung von allen den Männern, die diese patriotische Handlung ins Leben riefen; aber allerdings legte ihm seine Stellung so wie seine Kriegeskenntniß die Pflicht auf, alles, was er in jenem Plane Mangelhaftes fand, erst auszugleichen, ihn mit dem allgemeinen Kriegesentwurfe in eine bessere Uebereinstimmung

zu bringen. Daß dies eine Menge Hin- und Her-
schreiben nothwendig machte, daß Scharnhorst,
der doch nicht die einzige Oberbehörde im Staate
war, viele Rücksprachen halten, manche Rücksichten
nehmen, entstandene Zweifel lösen mußte, und daß
dabei viel Zeit verloren ging, die einen eifrigen
Patrioten, der aber nicht alles dies kannte, zuweilen ungeduldig machen konnte, ist wohl sehr natürlich. Mir ist allerdings nicht bekannt was der
Graf Ludwig zu Dohna in einer solchen Stimmung geschrieben haben mag, aber wenn es auch
zehnmal mehr wäre, wie es die Biographie S. 25
andeutet, immer könnten es noch nur einzelne Empfindungen, nicht vollständige Beurtheilungen unserer
damaligen politischen Lage sein, wobei ich denn doch
noch hinzufügen muß: daß ich in jener Periode
den General täglich, den Grafen Dohna wenigstens sehr häufig, beide oft zusammen gesehen habe,
aber mich auch nicht der kleinsten Andeutung erinnern kann, die auf vorhergegangene Kämpfe (wie
es die Biographie S. 28 sagt) zwischen diesen
beiden trefflichen Menschen schließen ließ. Wenn
wir Scharnhorst mit vollem Rechte als den
Mittelpunkt ansehen müssen, von dem durch eine
Reihe von Jahren der Gedanke an einen National-
widerstand erhalten, fortdauernd belebt und mit
einer seltenen Besonnenheit vorbereitet wurde, so
war er es auch, der die erste Frucht jener von
ihm gelegten Keime, den hochherzigen, an den

Ufern des Pregels gefaßten Entschluß, mit der edlen Hingebung die sein ganzes Leben bezeichnete, zur vollendeten Reife förderte. Der ausgezeichnete Muth den alle Theile der Preußischen Macht unter den Augen ihres Königs entwickelten, manche hinzugetretene, vorher nicht zu berechnende günstige Ereignisse, haben den Vertheidigungskrieg, auf den man bei dem Ausbruche der Feindseligkeiten gefaßt sein mußte, glücklich beseitigt und eben so unsere Linien- wie Landwehr-Bataillone im glorreichen Siegeszuge bis zum kühnsten Ziele geführt, ohne daß deswegen den umsichtigen Vorschlägen des Generals auch nur der kleinste Theil ihres Werthes entzogen würde. Wenige beabsichtigte Landesvertheidigungen die die Geschichte aufgezeichnet hat, sind auf einem so durchdachten alles umfassenden Plan, als der von Scharnhorst war, begründet und wenn man hierzu noch seine vorsichtige, den damaligen Verhältnissen angememessene geschickte Art der Vorbereitung rechnet, so wird man nicht allein den inneren Werth eines solchen Planes auf kriegeswissenschaftlichem Standpunkte bewundern müssen, sondern auch wohl zu der Ansicht kommen: daß Scharnhorst einer der großartigsten, treusten Diener seines Königs war, der für die Wiederherstellung des Preußischen Staates und die Befreiung Deutschlands, so viel als nur irgend einer, gewirkt hat. Viele Menschen, die bei dem einfachen, anspruchslosen Auftreten des Generals ihn schnell zu übersehen glaubten, würden, wenn sie es versucht hätten: so wie er, nur nach reiflich durchdachten Plänen zu handeln, so wie er, ihre Leidenschaften und Worte zu beherrschen, so wie er, sich und jedes persönliche Interesse dem allgemeinen Vesten unbedingt unterzuordnen; nur zu bald würden sie bei einem solchen Versuch und bei ernster Selbstbeobachtung inne geworden sein, wie viel jedem von ihnen es an sittlicher und also auch geistiger Kraft fehlte, um sich diesem seltenen Manne gleichstellen zu können. Es wäre gewiß ganz wider meine auch schon im Eingange ausgesprochene Ansicht, wenn man in dieser, der Wahrheit und dem Andenken Scharnhorst's dargebrachten Huldigung, nicht zugleich die innigste Achtung für alles das, was damals in Preußen geschah, finden sollte; viele, mir theure Bande rufen mich dazu auf, nur scheint es, daß jene hochherzigen Handlungen sich noch aus einem schöneren Standpunkte für die Geschichte aufzeichnen ließen.

Wenn Männer durch große Ereignisse und patriotische Gesinnungen fortgerissen, in einem ihnen bis dahin fremden Kreis des Lebens eingreifen, so liegt wohl ihr größeres Verdienst in ihrer Aufopferung und der dadurch bewiesenen Kraft, nicht in den Formen die sie zur Darstellung ihrer Gesinnungen wählten. Formen bringen dann nur ihren Erfindern einen wirklichen Ruhm, wenn sie aus einer genauen wissenschaftlichen Kenntniß des Faches, nach reiflichem Erwägen aller Verhältnisse als neue Kunstgebilde hervorgegangen sind, wie z. B. die vorhin geschilderten Detaschements der Freiwilligen; wo dies nicht der Fall ist, bleibt selbst eine gute Wahl, doch nur immer ein zufällig glücklicher Einfall.

Dagegen steht desto höher und bewundernswerther der verewigte Minister Graf Dohna da, wenn man berücksichtigt: daß er seinen Entschluß zum Aufgebot einer Landwehr in jenem Augenblick aussprach, in dem zwei feindliche Heere im Lande standen und das Schicksal desselben unentschieden war, indem er in diesem Verhältniß zur Vertheidigung des entfernten Monarchen und seiner Krone aufrief, setzte er eben so seine Person als das Erbe seiner Ahnen aufs Spiel; er entwickelte hier die Größe eines Helden und sein Beispiel verdient von den Vätern aller kommenden Geschlechter fortdauernd ihren Söhnen gezeigt zu werden, damit solche hohe, durch kein persönliches Interesse erzeugte Tugend, immer ein Gegenstand allgemeiner Nacheiferung bleibe.

Eben so schön ist dieser Standpunkt für die Zeichnung dessen, was die Stände und alle Bewohner von Preußen mit wahrhaft patriotischer Begeisterung ausführten; auch ihnen droheten alle Wechselfälle des Krieges und beim Mißlingen gänzliche Zerstörung ihrer Habe; zwei vorhergegangene Kriegesplünderungen und zwei daraus entstandene

Seuchen, hatten wohl den Umfang und die Kraft ihres Wohlstandes aber nicht ihrer Treue gemindert und dieser innere Reichthum machte sie fähig, mitten unter großen Entbehrungen dies neue und bedeutende Opfer ihrem Könige darzubringen.

Wäre ich ein begüterter Mann, der die Talente verdienstvoller Künstler angemessen belohnen könnte, längst schon hätte ich mir ein Denkmal zur Erinnerung an jene glorreiche Zeit anfertigen lassen. Auf dem Altar des Vaterlandes die Büste des Königs, vor dem Altar Scharnhorst und Dohna indem beide sich die Hände reichen. Es würde dadurch nicht allein ihr Wirken zu einem Zweck, ihr Freundschaft- und verwandliches Lebensverhältniß bezeichnet, sondern auch der Geist jener glorreichen Tage dargestellt, in denen alle Stände und Landestheile, ohne Buch und Rechnung zu halten, einmüthig zu dem großen Zweck wirkten, jeder seine Kräfte als ein Scherflein der Wittwe zum Throne brachte, um es in dem Wiederaufblühen des Vaterlandes freudig untergehen zu sehen. Möge dieser schöne Geist ein fortdauerndes Erbtheil unserer Gauen bleiben.